Karl Günter Arnold

Zieldisponiert

Karl Günter Arnold

Zieldisponiert

Hans Jonas und die Teleologie

wbg Academic

Die Deutsche Nationalbibliothek verzeichnet diese Publikation in der Deutschen Nationalbibliografie; detaillierte bibliografische Daten sind im Internet unter www.dnb.de abrufbar

wbg Academic ist ein Imprint der Verlag Herder GmbH

Satz und eBook: Satzweiss.com Print, Web, Software GmbH
Gedruckt auf säurefreiem und
alterungsbeständigem Papier
Printed in Germany

Besuchen Sie uns im Internet: www.wbg-wissenverbindet.de

ISBN 978-3-534-40653-1

Elektronisch ist folgende Ausgabe erhältlich:
eBook (PDF): 978-3-534-40654-8

Inhalt

I Ein langer Prolog

Das Leben – Zufallsprodukt oder zieldisponiert? Die Welt – naturgegeben oder Konstrukt von Geist und Vernunft? Der Mensch – nackter Affe oder Krone der Schöpfung? Oder Zufallsprodukt des kosmischen Mengenspiels und einsamer Rufer in einem gleichgültigen, unendlichen Weltall? Was gilt? Dem deutsch-amerikanischen Philosophen Hans Jonas (1903–1993) greifen derlei Alternativen freilich viel zu kurz. Sie verfehlen das Leben in seiner Ganzheit. Er vertritt eine philosophische Biologie, die jenseits ausschließender Gegenüberstellungen das Leben als ein Ganzes verstehen will. Sie fußt auf dem, das uns allen vorab unzweifelhaft gegeben ist: auf dem Leib als solchem in der ganzen Fülle seiner Äußerungen – in seiner Sorge um sich selbst und sein Dasein, ausgespannt zwischen Freiheit und Bedürftigkeit, zwischen Selbst und Welt unter der alles dominierenden Alternative von Sein oder Nichtsein. Solche Leibhaftigkeit umfasst den gesamten Lebensprozess in dessen Werdegang und Geschichte; Leben hat als erstes Ziel den Erhalt seiner selbst. Es erklärt sich umfassend als Evolution; die Evolution wiederum erhebt sich aus der Weltmaterie, die von allem Anfang an befähigt sein muss, Leben aus sich hervorzubringen. Denn alles bildet ein Ganzes in einem integralen Monismus. Und als Klammer des Ganzen nennt Jonas ‚Zieldisposition' in Kosmos und Leben, in allem zeigt sich Zweck und Teleologie.[1]

Inhaltlich soll dieser komplexen Thematik in mehreren Schritten nachgegangen werden:

- Frühe Stationen im Leben von Hans Jonas.
- Sein Studium der existentialen Philosophie in Marburg bei Martin Heidegger und seine Gnosis-Studien bei Rudolf Bultmann.
- Seine Emigration und die Neuausrichtung seiner Philosophie: von der lebens-

---

[1] Die Thematik der Teleologie bei Hans Jonas wurde von mir bereits in einem anderen Zusammenhang bearbeitet (Karl Günter Arnold, Das kosmische Datum. Untersuchungen zum Subjektivitätsbegriff bei Hans Jonas, Leipzig 2017). Gelegentliche Überschneidungen mit den hier vorgelegten Ergebnissen sind nicht auszuschließen.

feindlichen Gnosis zur Philosophie der Leiblichkeit und des Lebens.

- Das Neue: Teleologie – Zieldisposition – im Lebensprozess statt permanenter existentialer Entscheidung in einer sinnentleerten Welt. Und Subjektivität zwischen transzendentaler Interpretation und Leib-Erfahrung. Schließlich: der Sieg der Teleologie durch die Evolution und die Einheit von Materie, Leben und Geist in einem kosmischen Monismus.
- Die ethische Funktion der Teleologie: Das Prinzip Verantwortung und die Weiterwohnlichkeit der Erde.
- Teleologie in Jonas' Gottesbegriff. Die Selbstentäußerung der Gottheit in der Schöpfung und ihre Wiedergewinnung im Mengenspiel des Kosmos und im Prozess des Lebens. Der Mensch – geschaffen für das Bild Gottes.
- Schließlich: Die Frage nach der Basis von Jonas' Philosophie des Lebens – eine Begründung im ‚Pragmatismus' der American Philosophy.

I.1 Frühe Stationen im Leben von Hans Jonas

Hans Jonas, geboren am 10. Mai 1903 in Mönchengladbach als Sohn einer jüdischen Fabrikantenfamilie, zu Hause im Großbürgertum der Stadt, zugleich schon frühzeitig mit der Erfahrung latenter Ausgrenzung der jüdischen Minderheit konfrontiert, zum Ende des Ersten Weltkriegs daher Mitglied der zionistischen Bewegung mit dem Ziel, später nach Palästina auszuwandern, jedoch zugleich entschieden, Philosophie zu studieren, wurde schließlich einer der profiliertesten Philosophen des 20. Jahrhunderts. Sein Traum, in Palästina am Aufbau eines jüdischen Gemeinwesens mitzuarbeiten, zerschlug sich schon bald, als er 1923 während des für die Auswanderung vorgeschriebenen landwirtschaftlichen Praktikums bei einem Gemüsebauern in Wolfenbüttel feststellen musste, dass er für die Arbeit im Kibbuz doch nicht geeignet sei. In seinem Studium war er umso erfolgreicher. Seine entscheidende Prägung erfuhr er seit 1924 in Marburg durch Martin Heidegger und den evangelischen Theologen Rudolf Bultmann. In einem Seminar Bultmanns, an dem er und Hannah Arendt auch als jüdische Studierende teilnehmen durften, fand Jonas zu dem entscheidenden Thema seiner frühen wissenschaftlichen Arbeiten. Ein Referat über das Erkenntnisproblem im Johannesevangelium, üblicherweise zeitlich auf dreißig Minuten terminiert, geriet Jonas zu einer ersten Analyse der Gnosis in frühchristlicher

Zeit und dauerte die volle Seminarzeit von eineinhalb Stunden. Aber Bultmann war so fasziniert, dass er den Referenten nicht unterbrach. 1928 wurde Jonas mit dem Thema „Der Begriff der Gnosis" promoviert. In umfangreichen weiteren Gnosisstudien versuchte er in den folgenden Jahren seine Habilitation. Ein erster Band (Gnosis und spätantiker Geist, Bd. 1) war 1933/34 abgeschlossen. Seine Veröffentlichung wurde trotz der inzwischen erfolgten Machtergreifung durch die Nationalsozialisten noch durch massiven Druck Bultmanns möglich, eine Habilitation war inzwischen jedoch völlig ausgeschlossen, hätte sich wohl aber aufgrund des allgemeinen gesellschaftlichen Klimas auch vor 1933 nicht realisieren lassen.

I.2 Die Entmythologisierung der Gnosis

Gnosis war eine geistig-religiöse Bewegung, die in den ersten drei nachchristlichen Jahrhunderten weite Kreise der Gesellschaft v. a. im östlichen Teil des Römischen Reiches erfasst hatte. Jonas nennt sie „einen wilden Schößling frühchristlichen und spätantiken Denkens".[2] In einer kaum zu erfassenden Fülle mythologisch verschlüsselter Bilder und kosmisch-astraler Geschehensfolgen sprach sich eine Sicht auf das Leben aus, die zu entschlüsseln und zu verstehen der Wissenschaft bis dahin nicht gelungen war.

Jonas versteht sie in ihrer antiken Gestalt als Ausdruck einer ‚radikal dualistischen Stimmung'. Es sei ein Dualismus zwischen Mensch und Welt und zwischen Welt und Gott. Er lässt es offen, ob der Dualismus zwischen Welt und Gott jenem zwischen Mensch und Welt entstammt oder ob die transzendente Lehre des Welt-Gott-Dualismus Ergebnis der tiefen Entfremdung des Menschen von der tragenden Macht einer (scheinbar?) geordneten Welt ist. Kennzeichen der gnostischen Weltsicht ist in dieser Konstellation, dass Mensch und Gott eigentlich zusammengehören, aber durch die reale Welt voneinander getrennt sind.[3] Die Macht der andringenden Welt – des im Grunde schicksalhaften, feindlichen Lebens – erscheint so übermächtig und unüberwindlich, dass Gott zu einem Unbekannten, einem agnostos theos geworden ist.

---

2 Jonas, Wissenschaft als persönliches Erlebnis (WPE), 16.

3 Jonas, Gnosis, Existentialismus und Nihilismus (GEN), 354.

Die Welt der klassischen Antike Griechenlands erlebte sich einst jedoch in Harmonie mit dem gesamten Kosmos. Der Kosmos erschien von Vernunft durchwaltet, sodass sich die menschliche Vernunft im Akt ihrer Erkenntnisse im Einklang mit den ewigen Gesetzen sah. Der gestirnte Himmel galt den Griechen als „die reinste Verkörperung der Vernunft im All und der Garant seiner Harmonie".[4] Im nachfolgenden Reich Alexanders des Großen, mit dem die demokratischen Strukturen freier, verantwortlicher Bürger in den griechischen Stadtrepubliken und damit die Tragfähigkeit ihrer bergenden Strukturen beseitigt wurden, fand sich der hellenistische Mensch wieder als politisch entmündigtes Glied in einem entgrenzten Universum – gewissermaßen dem philosophischen Pendant zum alexandrinischen Weltreich und seiner Diadochenreiche. Die damit einhergehende Stoa machte den kosmischen Logos zum Allherrscher und den Stoiker zum einsamen Ziel der Vorsehung. Sofern der stoische Mensch indes in Einwilligung mit dem Weltlogos zu leben bereit und in der Lage war, wusste er sich im Kraftfeld ihrer Vorsehung geborgen. Auch er lebte in Einklang nunmehr mit dem Weltgesetz. Und dieser Einklang machte ihn zum Weisen.

Doch solche Harmonie mit einem grenzenlosen All wich schließlich der Weltangst. Aus den Planeten, einst Garanten der göttlichen Vernunft im Einklang mit ihrem irdischen Pendant, waren nun „personifizierte Exponenten des unerbittlichen Gesetzes des Alls" geworden.[5] Aus dem vormals „göttlichsten Teil der sichtbaren Welt, den Himmelssphären", waren undurchdringliche Machtsphären kosmischer Herrscher geworden. Der sichtbare Himmel starrt dem Menschen nun mit dem Blick fremder Schicksalsmacht und Notwendigkeit ins Gesicht. „Ihm nicht mehr wesensverwandt, aber immer noch mächtig, sind die Sterne zu Tyrannen geworden – gefürchtet, aber auch verachtet, weil niedriger als der Mensch". Nichts mehr von bergender Vorsehung geht von ihnen aus, menschlicher Freiheit begegnen sie mit Feindschaft. Die Welt selbst ist nicht mehr Schöpfung eines Gottes, der sie erschuf, weil sie es wert sei erschaffen zu werden, sondern Werk eines finsteren Demiurgen.

Und der Mensch, eigentlich nun als Lichtfunke der göttlichen Welt entstammend, erfährt sich als der irdischen Welt nicht zugehörig. Jegliche Gnosis, d. h. alles Wissen von seiner himmlischen Abkunft ist ihm verloren gegangen. Er ist,

4 GEN, 356.

5 GEN, 356. Das Folgende ebd., 356f.

dem Himmel abhanden gekommen, ein Fremder in einer unwirtlichen Welt. Zu keinem Gott jenseits der astralen Machtsphären vermag er noch vorzudringen. Die astralen Schicksalsgeister trennen Menschen als Opfer solcher Schicksalsmacht komplett von Gott und ihrer himmlischen Heimat. In dieser Hinsicht, so Jonas, ist die spätantike Bewegung der Gnosis eine Form des Nihilismus: „Unter diesem entgöttlichten und dämonisierten Himmel wird der Mensch sich seiner Verlorenheit bewußt. Von ihm umschlossen, seiner Macht ausgeliefert, aber durch den Adel seiner Seele ihm überlegen, weiß er sich nicht als Teil (wie in seiner Welt der weise Stoiker), sondern als Gefangenen des umschließenden Systems." In seiner Verlorenheit erkennt er seine einsame Andersheit, Angst bricht sich Bahn. Und Jonas bezeichnet solche ‚Angst als Antwort der Seele auf ihr In-der-Welt-Sein' als stehendes Thema der gnostischen Literatur. „Denn die Macht der Sterngeister oder des Kosmos überhaupt ist nicht nur die äußerliche des physischen Zwangs, sondern viel mehr noch die innerliche der Überfremdung oder Selbstentfremdung." Zugleich findet Jonas in ihr ein Element für das ‚Erwachen des inneren Selbst vom Schlaf oder Rausch der Welt': „Seiner selbst gewahr werdend, entdeckt das Selbst zugleich, daß es sich nicht wirklich zu eigen hat, sondern der unwillkürliche Vollstrecker kosmischer Eingebungen ist."[6]

Aber gerade Erkenntnis – Gnosis – muss den Menschen von solcher Knechtschaft befreien. Und es muss machtvolle Erkenntnis sein, die imstande ist, die unterdrückende Macht des Demiurgen und der astralen Geister, existential gesprochen: die Macht der fremden, feindlichen Welt zu überwinden. Es muss die Macht eines Erlösers sein, der imstande ist, die hermetisch verschlossenen Regionen der Sterngeister zu durchbrechen, ihr verfügtes, scheinbar übermächtiges Schicksal zu entmachten, dem menschlichen Selbst Kunde von seiner verlorenen himmlischen Heimat zu geben und es auf seine Heimkehr vorzubereiten. „Die Macht der Welt wird überwunden einerseits durch die Macht des Erlösers, der von außen in ihr geschlossenes Gefüge bricht, andrerseits eben durch die Macht des von ihm gebrachten Wissens, das als magisches Instrument den Zwang der Sterne bezwingt und der Seele ihren Pfad durch ihre Ordnungen bahnt."[7] Die Schicksalsgeister können sie nicht mehr gefangen halten, die Macht des Schicksals ist durch das Wissen um die himmlische Heimat gebrochen. Mit der stringenten Entgegenstel-

6 GEN, 356f.

7 GEN, 357.

lung von irdischer und göttlicher Welt und deren unüberbrückbarer Scheidung erweist Gnosis sich als konsequenter Dualismus.

I.3 Existentialismus – eine moderne Form der Gnosis

Jonas' hörte aus diesen Erkenntnissen heraus eine Grundschicht des Lebens, die ihm – sensibilisiert dafür auch das geistige Klima seiner Zeit – durch Heideggers Daseinsanalyse vertraut war. Ihm gelang ein Zugang zur Weltschau und dem Lebensgefühl jener Zeit mithilfe der Existenzanalyse, die er bei Heidegger gelernt hatte: „Beim Eintauchen in die Texte hörte ich daraus Stimmen, für die Heideggers Daseinsanalyse, aber auch das geistige Klima der Zeit [nach dem Ersten Weltkrieg] überhaupt, mir das Ohr geschärft hatten."[8] Es war die Grundstimmung, nach einem noch kaum verstandenen politischen und gesellschaftlichen Umsturz in einer fremden und auch feindlichen Welt zu leben, deren Fremdheit auch durch eine inspirierende und kreative künstlerische Szene in den Metropolen nur oberflächlich überdeckt wurde. Jonas spürte darin einen Zeitgeist, den er in der gnostischen Welt wiederzuentdecken meinte. Es war die Welt von Menschen, denen Orientierung und Halt gebende Systeme verlorengegangen waren, und die gänzlich auf sich selbst zurückgeworfen allein um ihr Existieren zu kämpfen herausgefordert waren. Es war zugleich die Welt des Existentialismus.

Gegenüber den bis dahin gezeitigten Forschungsergebnissen zum Phänomen der Gnosis, Ergebnis vieler Einzeluntersuchungen zur Herkunft von Einzelmotiven aus platonischer, jüdischer, babylonischer, ägyptischer, iranischer Überlieferung, suchte Jonas damit ein gemeinsames, verstehbares Grunderlebnis, das sich in all den vielfältigen Weisen wiederfinden ließ, in denen sich Gnosis selbst zeigte. Die Methode Heidegger'scher Seinsanalyse öffnete ihm den Blick, dem die ‚Kunstmythen' durchsichtig wurden. Ihr bunter Synkretismus wurde ihm verständlich als ‚Oberflächenerscheinung' eines seelischen Grunderlebnisses. „Es war das Er-

---

[8] WPE, 16. Als Zeugnis einer verbreiteten Stimmung jener Zeit sei pars pro toto an Oswald Spenglers ‚Vom Untergang des Abendlands' erinnert. Jonas verweist darauf, dass Spengler im Sinne seiner Kulturzyklentheorie beide Zeitalter für ‚gleichzeitig' erachtete (GEN, PL, 353).

lebnis eines im Kerne außerweltlichen, aber der Welt verfallenen und aus ihr sich wiedergewinnenden *Selbst*.“ Mit dem wissenschaftlichen Werkzeug, das er erlernt hatte, betrieb er nunmehr ‚Entmythologisierung‘.[9] Sie erwies Gnosis

> „existenziell als Extremfall einer Krise menschlichen Selbst- und Seinsverständnisses, einer Entzweiung von Mensch und Welt, Natur und Geist, Welt und Gott, deren bloße Möglichkeit etwas über den Menschen aussagt, also über uns selbst. Und gerade damals [nach dem Ersten Weltkrieg] war man hellhörig dafür geworden durch die Krise unseres eigenen Weltverhältnisses, wovon der Existentialismus auf seine ganz innerweltliche Art philosophisch zeugte. [...] Krise erkannte sich wieder in früherer Krise.“[10]

Diese Erkenntnis nötigte Jonas schließlich jedoch zu einer genaueren Analyse des Existentialismus selbst. Er verifiziert dies vor dem Hintergrund einer berühmten Formel der valentinianischen Gnosis: „Was uns frei macht, ist die Erkenntnis, wer wir waren, was wir wurden; wo wir waren, wohin wir geworfen wurden; wohin wir eilen, wovon wir erlöst werden; was Geburt ist und was Wiedergeburt.“[11] Jonas verweist dabei besonders auf das Motiv des ‚Hineingeworfenseins in etwas‘ und des ‚Eilens auf ein Ziel oder Ende zu‘ als Schlüsselbegriffe. Auch bei Heidegger (in ‚Sein und Zeit‘) sei bekanntlich „die ‚Geworfenheit‘ ein Fundamentalcharakter des Daseins und seiner Selbsterfahrung“.[12] Ausgeworfen in die Welt und im Wurfe fortfahrend, werfe sich das Leben in die Zukunft. Dieses Sich-Werfen-in-die -Zukunft sei für Heidegger stets ein Absprung von der gegebenen Vergangenheit (dem Geworfensein) in die je neue Zukunft. Der dazwischen liegende Augenblick ist der temporale Modus der Gegenwart. Zwischen den existentialen Modi der Vergangenheit – Faktizität, Gewesenheit, Geworfenheit, Notwendigkeit und Schuld – und denen der Zukunft – Existenz, Sichvorwegsein, Sorge, Entwurf, Entschlossenheit, Vorlaufen zum Tode – entscheide sich das Leben. Jonas hat dem virtuos sprachliche Gestalt gegeben:

---

9 WPE, 16f.; dort auch der ganze Zusammenhang.

10 WPE, 18.

11 Clemens Alexandrinos, Excerpta ex Theodoto 78,2; zitiert nach Jonas, GEN, 366.

12 GEN, 366.

> „Abspringend von seiner Vergangenheit wirft sich das Dasein in den Entwurf seiner Zukunft; sieht sich konfrontiert mit seiner äußersten Grenze, dem Tod; kommt von diesem Blick ins Nichts zurück auf seine schiere Faktizität, das schlechthin Gegebene seines dies und hier und jetzt Gewordenseins und trägt dies übernehmend und ‚wiederholend' vorwärts mit seinem todes-erzeugten Entschluß. Da ist keine Gegenwart, worin zu verweilen wäre, nur die Krisis zwischen Gewesen und Zukünftig, der zugespitzte Augenblick auf der Messerschneide der Entscheidung, die vorwärts stößt."[13]

Für die Gegenwart bleibe de facto also kein Raum. Ein Verweilen in der Gegenwart sei vielmehr ein ‚Versagen der Spannung echter Existenz' und als solches ein ‚Verfallensein' (an Gerede, Neugier und das Man).

Aber gerade dieser Verlust der Gegenwart erregt Jonas' Kritik, weil zur Gegenwart nicht nur der Augenblick der Entscheidung, sondern auch die bleibenden Gegebenheiten und Dinge gehören, die zum Verweilen und zum alltäglichen Existieren im Leben gehören. Nicht um permanentes Entscheiden für eine jeweilige Zukunft, sondern um fortwährende leibhaftige Lebensgestaltung im Gegenwärtigen geht es. Darum fragt Jonas nach dem metaphysischen Hintergrund dieses Entwurfs. Denn dem existentialistischen Überspringen der Gegenwart korrespondiere eine existentialistische Entwertung der Natur. Darin aber spiegele sich wiederum die spirituelle Entleerung der Natur durch die moderne Naturwissenschaft wider, und diese habe etwas mit der gnostischen Naturverachtung gemein. Demgegenüber erinnert Jonas an die platonische Weltsicht, die in der gegebenen Welt den Abglanz der Ewigkeit erblickte – theoria, das Schauen, während für Heidegger (freilich nur für den von Sein und Zeit, betont Jonas) die Natur lediglich ‚Vorhandenes' oder bestenfalls ‚Zuhandenes' sei – als bloßer Gegenstand für menschliche Verwendung.

Der spirituellen Entleerung der Gegenwart entspreche das im Existentialismus unerklärbare Bild vom Geworfensein. Unerklärbar, weil für Heidegger – unter Aufnahme von Nietzsches ‚Gott ist tot' – die übersinnliche Welt ohne wirkende, metaphysische Kraft sei. Die Rede vom Geworfensein sei aber, so Jonas weiter, ein Überrest einer dualistischen Metaphysik, zu dessen Gebrauch der metaphysik-

[13] GEN, 368.

lose Standpunkt des Existentialismus kein Recht habe. Denn zum Wurf gehöre ein Werfer: „Was ist der Wurf ohne den Werfer und ohne einen Ort, woher?" Aber einen Werfer gebe es im Existentialismus nicht mehr. Bestenfalls könne der Existentialist sagen, das Menschenwesen – „bewußtes, sorgendes, fühlendes Selbst" – sei *von* der Natur hervorgeworfen.[14] Nie aber habe sich eine Philosophie so wenig um die Natur gekümmert wie der Existentialismus, für den sie keine Würde behalten habe.[15] Der Vergleich zwischen der gnostischen und der existentialistischen Naturverachtung fällt daher vernichtend aus: Der gnostische Mensch sei geworfen in eine widergöttliche und daher widermenschliche Natur; der moderne Mensch in eine gleichgültige. Erst letzteres bedeute das absolute Vakuum, den wirklich bodenlosen Abgrund. Das Feindliche, Dämonische in gnostischen Mythen sei „immer noch anthropomorph, vertraut selbst in seiner Fremdheit, und der Gegensatz als solcher gibt dem Dasein Richtung [...]. Nicht einmal diese antagonistische Qualität ist der neutralen Natur der modernen Wissenschaft gewährt, und dieser Natur kann keinerlei Richtung abgewonnen werden. Das macht den modernen Nihilismus um vieles radikaler und verzweifelter, als gnostischer Nihilismus mit all seinem Schrecken vor der Welt und seiner Auflehnung gegen ihre Gesetze je sein konnte. Daß die Natur sich nicht kümmert, ist der wahre Abgrund."[16]

I.4 Emigration

Jonas' Arbeiten am Thema ‚Gnosis' fanden ihr jähes Ende mit der Machtergreifung durch die NSDAP am 30. Januar 1933. Es war damit bedingt durch äußere Umstände. Längerfristig vollzog sich aber in den folgenden Jahren auch ein innerer Sinneswandel in Jonas selbst. Er bedeutet dessen Abkehr von der Beschäftigung mit der Gnosis. Gnosis mit ihrer Entfremdung der Welt vom Menschen wurde für Jonas nun zur Negativfolie für etwas Neues. Drei Aspekte lassen sich für seine philosophische Neuausrichtung nennen.

---

14 GEN, 371.

15 GEN, 369.

16 GEN, 371f.

I.4.1 Der Nationalsozialismus und Heidegger

Am 1. April 1933, dem sogenannten ‚Tag des Juden-Boykotts', fasst Jonas den Entschluss, Deutschland in Richtung Palästina zu verlassen. Er hatte verstanden, dass es für Juden in Deutschland keine Zukunft mehr gab. Vor seiner Ausreise im Herbst erlebt er an seinem 30. Geburtstag (10. Mai 1933) die von der Deutschen Studentenschaft inszenierte Bücherverbrennung mit, „bei der Studenten, Professoren, Rektoren und Mitglieder nationalsozialistischer Parteiorgane unter anderem Werke von Thomas Mann, Erich Kästner, Sigmund Freud und Kurt Tucholsky ins Feuer werfen".[17] Und am 27. Mai 1933 fand in Freiburg, wo Martin Heidegger 1928 den Lehrstuhl des emeritierten Edmund Husserl übernommen hatte, die feierliche Rektoratsübergabe an den zum Rektor der Universität gewählten Heidegger statt. In seiner Rektoratsrede, die er in brauner Uniform hielt, propagierte Heidegger nicht nur die drei weithin bekannten Bindungen, unter die er die universitäre Arbeit gestellt sehen wollte - den Arbeitsdienst, den Wehrdienst und den Wissensdienst –, die alle „gleich notwendig und gleichen Ranges" seien. Universitäre Arbeit lässt sich damit auch als eine geistige Form des Wehrdienstes verstehen.[18] Dem entsprechen indes auch Heideggers weitere Ausführungen, er wolle „den wissenden Kampf der Fragenden [wählen] und bekennen mit Karl von Clausewitz: ‚Ich sage mich los von der leichtsinnigen Hoffnung einer Errettung durch die Hand des Zufalls'". Die Berufung auf Clausewitz sollte offenbar Heideggers Meinung untermauern, dass ‚Errettung' des deutschen Volkes nur durch Kampf kommen werde. Clausewitz, 1812 Generalstabschef der ‚Russisch-deutschen Legion' zum Sturz Napoleons, gehörte aber mit Achim von Arnim, Kleist, Fichte und anderen auch der ‚Christlich-Deutschen Tischgesellschaft' an, deren Vereinsstatut einen ‚Arierparagraphen' enthielt, welcher die Teilnahme von Juden an dieser Tischgesellschaft ausschloss - schwer vorstellbar, dass Heidegger dieser Hintergrund nicht bekannt gewesen sein sollte.[19] Jonas, der von dem Ereignis natürlich erfuhr, fasst seine tiefe Enttäuschung über seinen Lehrer später in eindrucksvolle Worte:

---

[17] Nielsen-Sikora, Hans Jonas, 59; dort auch die weiteren biografischen Daten.

[18] Vgl. auch Nielsen-Sikora, Hans Jonas, 60.

[19] Victor Fariás, Heidegger und der Nationalsozialismus, Frankfurt a. M. 1989, 160f.; Zitat: 160.

„Es war für mich eine grausame, bittere Enttäuschung, die sich nicht nur auf die Person bezog, sondern auf die Kraft der Philosophie, Menschen vor so etwas zu bewahren. Daß die Philosophie nicht die Kraft hatte, Heidegger vor diesem Irrweg zu schützen, empfand ich damals wie ein Fiasko der Philosophie. […] Daß der bedeutendste, originalste Denker meiner Zeit da mitmachte, war ein ungeheurer Schlag für mich."[20]

I.4.2 Ungesicherte neue Lebensumstände

Im September 1933 reist Jonas nach London, im April 1935 über Marseille, Alexandria, Jaffa nach Jerusalem. Er hofft dort auf eine Arbeitsmöglichkeit an der Hebräischen Universität, doch gestaltet sich die Suche nach einer akademischen Lehrbeauftragung sehr schwierig, da alle Planstellen an der Universität besetzt waren. Es bleibt bei einzelnen Lehraufträgen.[21] Zugleich sucht Jonas den Kontakt zur britischen Mandatsmacht für Palästina, weil er dafür eintritt, dass Juden sich niemals wieder einfach passiv dem Schicksal ihrer Verfolgung ergeben dürften. Unmittelbar nach Ausbruch des Zeiten Weltkriegs am 1. September 1939 formuliert er den Kriegsaufruf *Unsere Teilnahme an diesem Kriege. Ein Wort an jüdische Männer* und meldet sich freiwillig bei der britischen Armee. 1940 wird er Mitglied der First Palestine Anti-Aircraft-Battery; seit 1944 ist er Mitglied der neu gebildeten Jewish Brigade Group, mit der er das Kriegsende im Mai 1945 in Italien erlebt. Als Mitglied dieser Einheit erfährt er im Juli in Mönchengladbach, dass seine Mutter in Auschwitz ermordet worden ist (sein Vater war bereits 1938 eines natürlichen Todes gestorben).

Nach seiner Rückkehr nach Palästina wird Jonas 1946 endlich Dozent an der Hebräischen Universität Jerusalem. Im Zuge der Unabhängigkeitserklärung des Staates Israel im Jahr 1948 und dem folgenden Ausbruch des Krieges im Lande wird er aber als Artillerieoffizier wieder zum Dienst in der israelischen Armee eingezogen. Doch nach dem Ende dieses Krieges wandert er 1949 – seit 1943 verheiratet mit Lore Weiner, seit 1948 Vater der Tochter Ayala – mit seiner Familie

20 Jonas, Dem bösen Ende näher, 54f.; vgl. Ahn-Jung Song, Organismustheorie im ethischen Diskurs, 15.

21 Nielsen-Sikora, Hans Jonas, 70.

nach Kanada aus. Bis 1955 lehrt er dort als Associate Professor in Ottawa; 1955 erhält er schließlich die ersehnte Berufung als Professor an die New School for Social Research in New York. In New Rochelle bei New York findet die Familie endlich ihren festen Wohnsitz.[22]

Jonas behält ihn für sein ganzes weiteres Leben bei – auch gegen spätere Versuche, ihn für eine akademische Aufgabe wieder in die Alte Welt zurückzulocken. 1951 erhält er die verbindliche Zusage für eine Professur an der Universität Jerusalem ab Herbst 1952. Doch er lehnt den Ruf in dieses nun von kriegerischen Unruhen durchsetzte Land ab,[23] – ebenso wie zwei weitere Berufungen auf Lehrstühle in Deutschland. 1955 versucht der Philosoph Hans Blumenberg, Jonas zur Übernahme einer philosophischen Professur an der Universität Kiel zu bewegen. Auch diesen Ruf lehnt Jonas ab[24] – ebenso wie schließlich 1960 die Bemühungen Bultmanns, Jonas für eine philosophische Professur in Marburg zu gewinnen.[25] Eine dauernde Rückkehr nach Deutschland war für Jonas nach den traumatischen Erfahrungen, die sich für ihn mit diesem Land verbanden, undenkbar. Er kam jedoch in den folgenden Jahrzehnten immer wieder zu Vorträgen und Gastvorlesungen hierher, u.a. auch 1959/60 für ein Sabbatical in München mit einem Stipendium der Rockefeller Foundation.[26] Nach seiner Odyssee durch drei Kontinente war ihm aber New Rochelle zum endlichen Ruhepunkt für sich und seine Familie mit ihren nunmehr drei Kindern geworden, den er nicht noch einmal einem neuerlichen Aufbruch in ganz neue Lebensumstände opfern wollte. New Rochelle war auch ein Sammelpunkt für (teils gleichfalls aus Deutschland stammende) Mathematiker und Sozialwissenschaftler an New Yorker Universitäten und damit für Jonas Ort eines inspirierenden Freundeskreises auch außerhalb philosophischer Fragestellungen. New Rochelle wurde damit für ihn prägend weit über die persönliche Heimstatt hinaus.

---

[22] Alle Angaben nach Christian Wiese (Hrsg.), Hans Jonas. Erinnerungen (E), Frankfurt a. M./Leipzig 2003, 475–477 (E).

[23] Nielsen-Sikora, Hans Jonas, 99f.

[24] Rüdiger Zöll, Der absolute Leser. Hans Blumenberg – Eine intellektuelle Biographie, Berlin 2020, 165–173. S. auch Nielsen-Sikora, Hans Jonas, 112ff.

[25] Andreas Großmann (Hrsg,), Rudolf Bultmann. Briefwechsel mit Hans Jonas 1928–1976, Tübingen 2020, 43–47

[26] Nielsen-Sikora, Hans Jonas, 117f.

I.4.3 Neue Erfahrungen der Leiblichkeit

Doch sind dem vorausliegend zunächst noch weitere Faktoren für Jonas' strukturelle Neuausrichtung zu nennen. Die Erfahrungen als Soldat, verbunden mit der permanenten Bedrohung für Leben und körperliche Unversehrtheit, die Enttäuschung über das persönliche Verhalten seines Lehrers Martin Heidegger, und schließlich die Begegnung mit der amerikanischen Philosophie an seinen neuen Wirkungsorten bewirken für Hans Jonas eine grundsätzliche Umkehr seiner eigenen weiteren Arbeit. Bereits als Soldat in Italien schreibt er – ohne Zugang zu wissenschaftlicher Literatur und Bibliotheken – seiner Frau Lore sogenannte Lehrbriefe, neue Gedanken zu einer Philosophie des Lebens, die er aus der leibhaften Erfahrung herleitet, wie jeder Mensch sie an sich selbst wahrnehmen kann. Nicht mehr die Entfremdung des gnostischen Menschen von jeglichem Sinn in seinem irdischen Dasein und seine Sehnsucht nach seiner wiedererkannten himmlischen Heimat bilden nun den Gegenstand von Jonas' Philosophie. Sondern das Leben selbst zwischen Geburt und Tod steckt den Rahmen dessen ab, was dem Menschen als Heimat beschieden ist. Leben in diesem Rahmen ist jetzt das ‚Eigentliche'. Materie, der es nunmehr zugehört, ist nicht mehr feindseliges Gefängnis der Seele, sondern Substanz, die Leben ermöglicht. Und jedes Lebewesen (einschließlich des Menschen) ist seine eigene ‚Form', die sich gerade aus der umgebenden Materie lebensdienliche Stoffe als Energiespender besorgt, indem sie permanent Materie aufnimmt, sie ihrem Lebensprozess dienstbar macht und unbrauchbar gewordenes Material des Lebens ausscheidet. Die Weltmaterie ihrerseits, scheinbar indifferent, gibt sich im Prozess alles Lebens als zu all dem befähigt zu erkennen und muss nun dementsprechend verstanden werden: „Die Tatsache, daß das indifferente Sein der Materie dies aus seinem Schoße hervorgebracht hat, zeigt, daß Prinzipien in ihr verborgen sind, die wir mit ihrem Begriff nicht zu verbinden pflegen, aber in ihre vertiefte Interpretation aufnehmen müssen."[27] Der Materie wohnt Zieldisposition – Teleologie – inne.

Diese grundsätzliche Kehrtwende in Jonas' Ausrichtung seiner Philosophie ist indes nicht zu verstehen ohne die von den politischen Umständen erzwungene grundlegende Änderung seiner Lebenssituation. Zum einen war dies sein Leben als Soldat. „Vielleicht half das physische Ausgesetztsein, in dem das Schicksal des

[27] Lehrbrief II vom 25. Februar 1944; E, 354f.; Zitat: 354.

Leibes sich vordrängt, seine Verstümmelung zur Hauptfurcht wird, mit bei der Neubesinnung", so formuliert er es selbst. Und ganz elementar: „Der Mensch muß essen. Dies Naturdekret des Leibes ist so kardinal wie die darin mitverfügte Sterblichkeit. Aber in ‚Sein und Zeit' war der Leib übergangen und Natur ins bloß Vorhandene abgeschoben." Ihm sei die idealistische Befangenheit der philosophischen Tradition vollends aufgegangen. „Ihren geheimen Dualismus, ein tausendjähriges Vermächtnis, sah ich widerlegt im *Organismus*, dessen Seinsweise wir mit allem Lebendigen teilen. Sein ontologisches Verständnis würde die Kluft schließen, die das Selbstverstehen der Seele vom Wissen der Physik schied. Das Ziel einer Philosophie des Organischen oder einer philosophischen Biologie erschien vor meinen Augen."[28]

Zum anderen war es aufgrund seiner Emigration (wie bereits angedeutet) die Begegnung mit der ‚englisch-amerikanischen geistigen Umwelt'. In ihr verbanden sich – anders als in mitteleuropäischer Philosophie – für Jonas geistiges Forschen mit der Frage nach der Natur des Seins.[29] Er konnte sich damit in den Gedanken bestätigt sehen, die sich ihm einige Jahre zuvor als Soldat in Italien erschlossen hatten und die er in seinen Lehrbriefen festgehalten hatte. Das ‚Naturdekret des Leibes' erschloss ihm eine Philosophie des Lebens, deren Kern Teleologie – Zieldisposition – und deren geheimes Movens die Evolution ist. Sie ist zieldisponiert, weil Leben sich selbst will und darauf aus ist, sich selbst zu erhalten und in immer weiter ausgreifenden Momenten sich zu entdecken, bis es im Menschen seine vorläufig größte Entfaltung in Freiheit, Identität, Transzendenz und Geist erfährt. In einer Reihe von Aufsätzen legt Jonas in den folgenden Jahren die einzelnen Facetten seiner neuen Erkenntnis dar. 1966 veröffentlicht er sie zunächst in den USA unter dem Titel *The Phenomenon of Life. Toward a Philosophical Biology*; 1973 erscheint das Buch in deutscher Sprache.[30] Um sein Anliegen soll es im Folgenden gehen.

---

28 Alles: WPE, 20f.

29 WPE,19.

30 The Phenomenon of Life. Toward a Philosophical Biology, New York 1966. Deutsche Erstveröffentlichung unter dem Titel: Organismus und Freiheit. Ansätze zu einer philosophischen Biologie, Göttingen 1973; Neuausgabe unter dem Titel: Das Prinzip Leben – Ansätze zu einer philosophischen Biologie, Frankfurt a. M./Leipzig 1994.

II Teleologie und Lebensprozess

II.1 Leiblichkeit als Fundament der Teleologie

Bereits die einleitenden Sätze von Jonas' erstem Buch ‚Das Prinzip Leben'[31] enthalten das ganze Programm: „Eine Philosophie des Lebens umgreift in ihrem Gegenstand die Philosophie des Organismus und die Philosophie des Geistes." Weil seine Philosophie des Lebens Organismus und Geist umgreift, erhebt Jonas daraus sogleich eine weitere grundlegende Folgerung: Dass es nicht nur keine Subjektivität ohne Materie gebe, also keinen autonomen Geist als Gegenüber von Materie (dies sei selbstverständlich), sondern auch keine Materie ohne Subjektivität[32]; dies freilich sei in keiner Weise selbstverständlich.

Jonas' Philosophie des Lebens basiert auf der einfachen Grunderfahrung, dass alles, was lebt, leben will. Solchen Willen zu leben versteht er als Subjektivität und distanziert sich damit von jeglichem konträren Verständnis, das Subjektivität allein aus Vernunft und menschlichem Bewusstsein herleitet und folglich nur dem Menschen zu eigen sein könnte. Sein Konzept nennt er demgegenüber ‚philosophische Biologie'. Deren Kennzeichen ist, dass Jonas klassische philosophische Begriffe wie Freiheit, Identität, innerweltliche Transzendenz und Geist nicht aus der Vernunft, sondern leibhaft, aus dem Prozess des Stoffwechsels erschließt. Sein Gedankengang für diese These: Indem im Ursprung des Lebens, im ersten Übergang von unbelebter zu belebter Substanz, in der ersten Selbstorganisation von Materie auf das Leben hin ein erstes replikationsfähiges organisches Gebilde sich aus anorganischer Materie erhob, machte es sich eo ipso von dieser *frei* – für Jonas die Grundlegung aller Freiheit, insofern sich seither dieser Vorgang in jeder lebenden Zelle in jedem Organismus fortwährend wiederholt, solange es Leben auf der Erde gibt. Alle Freiheit einschließlich der menschlichen Freiheit von Gedanken und

---

31 Unter diesem Titel und dem Sigel PL wird das Werk in der vorliegenden Arbeit verwendet.

32 PL, 15.

Geist verdankt sich im Prinzip dieser Grundlegung im Stoffwechsel als ihrer ersten Ermöglichung. Denn damit ist Freiheit, verstanden als die Möglichkeit, über sich selbst verfügen zu können, im Prinzip jedem Lebewesen leibhaft angeboren und nicht von außen zuerkannt – ein unverlierbares Grundrecht.[33]

Mit dieser gewonnenen Freiheit ist folglich jeder Organismus zweitens von allem Anfang an unausweichlich ein *selbst*zentriertes, mit sich *identisches* Wesen, das fortan der indifferenten Materie gegenübersteht. Als solches mit sich identisches Wesen ist es bestrebt, gegenüber der andringenden Welt indifferenter Materie sich selbst zu erhalten. Dafür braucht es indes, da es nun Lebewesen ist, Nahrung als Energiezufuhr, die es nur in der es umgebenden Umwelt findet; dafür muss es drittens wiederum die Grenzen seines Selbst nach außen überschreiten, sich also in die Umwelt hinein *transzendieren*. In solcher immanenten Transzendenz erfährt es persönlichen Nutzen in Form von lebensdienlicher Nahrung und zugleich feindselige Gegnerschaft. Es ist dem Kampf um sein Dasein ausgesetzt, den es zu bestehen gilt und dem es doch letztlich unterliegen wird. Für keinen Organismus und wiederum einschließlich des Menschen wird dieser Kampf gegen andringende Mächte jemals aufhören. Er ist der Preis, den die Freiheit für ihre Lossagung vom unbelebten Stoff hin zu Leben und Identität zu zahlen hat. Um aber im Kampf um sein Dasein lebensdienliche von lebensschädigender Nahrung – und prinzipiell aufbauende von bedrohlicher Welt – zu unterscheiden, bedarf es viertens einer Befähigung, diese Unterscheidung leisten zu können – lebensnotwendig und insofern unabweisbar. In quasi unendlich vielen Entwicklungsstufen durch Jahrmillionen hindurch entfaltete sich aus Letzerem schließlich menschlicher *Geist*.[34] Alle diese Momente am Stoffwechsel erfasst Jonas insgesamt als Momente der Subjektivität, und zwar einer Subjektivität, die, wie gezeigt, *unabweisbar* aus organischer Materie hervorgeht; die subjektiven Momente stellen sich eo ipso mit dem Vorgang des Stoffwechsels ein.[35] Und weil er sie nicht im Rahmen einer Kritik der Vernunft, sondern als philosophische Biologie verstehen will, befragt er eben primär den menschlichen Leib,

---

[33] Das Themenfeld ‚Freiheit' bei Jonas ist umfassend bearbeitet worden von Udo Lenzig, Das Wagnis der Freiheit, 2006.

[34] Bereits zu Beginn der Einleitung des ‚Prinzip Leben' stellt Jonas fest, dass nicht nur der Geist stets ‚Teil des Organischen bleibt', sondern dass auch umgekehrt ‚das Organische schon in seinen niedersten Gebilden das Geistige vorbildet' (PL, 15). Vgl. MGS, 49f.; 57.

[35] Arnold, Das kosmische Datum, 135–259.

der uns fraglos gegeben ist, nach solchen Momenten der Innerlichkeit als einer leibgebundenen – und das heißt materiegebundenen – Subjektivität und ihrem Moment der Zieldisposition, der Teleologie.

Es ist prekäres Existieren in Polaritäten, so Jonas, ausgespannt zwischen grundlegenden Antithesen, der „Antithese von Sein und Nichtsein, von Selbst und Welt, von Form und Stoff, von Freiheit und Notwendigkeit".[36] In ihnen drückt sich aus, dass Jonas den Heidegger'schen Begriff der ‚Sorge' auf alles Leben ausweitet.[37] Und wie Heidegger menschliches Leben als Leben zum Tode hin versteht, weiß auch Jonas, dass alles Leben seinen Kampf ums Dasein letztlich verlieren wird. Dem allgemeinen Stoff abgerungen, in Freiheit und mit sich selbst identisch gelebt, wird es dennoch am Ende im allgemeinen Werden und Vergehen wieder im Weltstoff aufgehen. Leben ist prekär und der fortwährenden Angst um sich selbst ausgesetzt. In eindrucksvollen Entgegenstellungen hat Jonas solcher prekären Sorge alles Lebens um sich selbst Sprache verliehen:

> „Sich selbst überantwortet und ganz auf die eigene Leistung gestellt, für ihre Vollbringung aber auf Bedingungen angewiesen, deren sie nicht mächtig ist und die sich versagen können; […] ausgesetzt der Welt, gegen die und durch die zugleich sie sich zu behaupten hat; […] aus der Identität mit dem Stoff herausgetreten, doch seiner bedürftig; frei, aber abhängig; vereinzelt, aber in notwendigem Kontakt; Kontakt suchend, aber durch ihn zerstörbar; nicht weniger bedroht andrerseits durch seine Entbehrung: gefährdet also nach beiden Seiten, von Übermacht und Sprödigkeit der Welt, und auf dem scharfen Grat dazwischen stehend; in ihrem Prozeß, der nicht aussetzen darf, störbar; […] in ihrem Zentrum tödlich treffbar; in ihrer Zeitlichkeit in jedem Augenblick endbar – so führt die lebendige Form ihr vermessenes Sondersein in der Materie, paradox, labil, unsicher, gefährdet, endlich, und tief verschwistert dem Tode. Die Gewagtheit dieser Existenz, voll Todesangst, stellt das ursprüngliche Wagnis der Freiheit, das die Substanz im Organischwerden unternahm, in grelles Licht."[38]

36 PL, 19.

37 „Es gibt keinen Organismus ohne Teleologie; es gibt keine Teleologie ohne Innerlichkeit" (PL, 169); vgl. auch Ahn-Jung Song, Organismustheorie, 84.

38 PL, 20f.

Gleichwohl: Auf den inneren Strukturen dieser in sich stets gefährdeten Subjektivität – dass alles Leben dennoch sich selbst will und leben will – gründet Jonas sein Postulat, dass dem Kosmos *insgesamt* Zieldisposition, Teleologie zu eigen sei. Vom menschlichen Leib als Zentrum allen Erfahrens, Wollens, Erkennens, Denkens, Reflektierens und Handelns ausgehend, erschließt er anthropomorph *Subjektivität* als die ‚Wurzel der finalistischen Natur des Lebens'. Und weil sie angeboren ist, beinhaltet sie *unabweisbar und unverlierbar* ‚Zweckhaftigkeit'[39], Teleologie. Das ist sein zentrales Anliegen. Um sie soll es dieser Untersuchung gehen.

Als finalistische Natur des Lebens ist Telelogie nach Jonas' Verständnis immanente Teleologie, die sich keiner transzendenten causa finalis verdankt, welche den Lebensprozess ‚von außen' wirkmächtig lenkte.[40] Sie geht vom Leib aus und ist ausschließlich leibgebunden. Immanente Teleologie begegnet erstmalig bei Aristoteles, der die allgemeine Idee Platons und ihre das Werden des Ganzen normierende Kraft in das Einzelne hinein verlegt und sich damit von seinem Lehrer abwendet: Er erkennt dem Einzelnen ‚en-*tele*cheia' als die wirkmächtig auf das in ihm Angelegte hinzielende Tendenz zu und verbindet damit causa materialis (Leib) und causa finalis (seine Zielgerichtetheit) miteinander im selben Einzelnen. Anders gewendet: Leiblichkeit gibt es in dieser Lesart nicht ohne Entelechie, sie ist ausgerichtet auf ihr telos[41] und erklärt Jonas' zweite Grundthese, dass es keine Materie ohne Subjektivität (und die ihr zugehörigen Momenten einschließlich ihrer Zieldisposition) gibt. Indem auch Jonas, von der Leiblichkeit ausgehend, nachzuweisen versucht, dass der Natur Zweckhaftigkeit immanent ist, folgt er im Prinzip der von Aristoteles entworfenen Lehre von Teleologie. Als *immanent* bestimmt, fügt sich dieses Verständnis von Teleologie nahtlos in Jonas' philosophische, leibhaft bestimmte Biologie ein. Denn nur von solcher immanenten, nicht von transzendenter Teleologie will

39 PL, 163. Zum Ganzen: Jonas, Wahrnehmung, Kausalität und Teleologie, PL: 54–64; und Anthropomorphismus und Teleologie, PL, 65–71.

40 Als ‚transzendente Teleologie' lässt sich demgegenüber Platons Ideen-Hierarchie verstehen. Song unterscheidet sie als ‚universelle transzendente nichtpersonelle Teleologie' von einer ‚universellen transzendenten Teleologie', die einen ‚persönlichen Zwecksetzer' annimmt, also eine Gottheit. Als Vertreter des letzteren Typs nennt er Augustinus und Leibniz (Song, Organismustheorie, 69).

41 ‚telos' (griech.) = Ziel und Zweck. Vgl. auch Song, a. a. O., 69f.

er handeln, „wie sie etwa der Schöpfer des bestehenden Natursystems einmalig ausgeübt haben könnte".[42]

Mehrfach war bislang die Rede, dass Jonas seine Philosophie des Lebens im Gegensatz zu einer Philosophie entfaltet, die sich menschlicher Vernunft und Bewusstsein verdankt. An Jonas' Abgrenzung von Kants kritischer Philosophie der Vernunft soll dies im Folgenden anhand einiger zentraler Gedanken verdeutlicht werden.

II.2 Zweckmäßigkeit oder Zweckhaftigkeit: Die Auseinandersetzung mit Kant

Jonas hat sich seit dem Beginn seines denkerischen Forschens kritisch mit Kant auseinandergesetzt. Noch während seiner Schulzeit habe ihm sein Onkel ein Reclam-Bändchen mit Kants „Grundlegung der Metaphysik der Sitten" geschenkt. Das „Donnerwort", mit dem die Grundlegung beginne, habe er (so Jonas später in seinen ‚Erinnerungen') sein Leben lang nicht vergessen: „Es ist überall nichts in der Welt, auch außerhalb derselben zu denken möglich, was ohne Einschränkung für gut könnte gehalten werden, als allein ein guter Wille."[43] Der gute Wille also eine über-weltliche Kategorie? Mit solcher Lektüre, so berichtet Jonas weiter, wurden „die Jahre zwischen der Revolution im November 1918 und meinem Abitur im Frühjahr 1921 [...] die entscheidende Zeit, in der meine geistige Richtung bestimmt wurde."[44] Es wurde später mit der Entwicklung seiner philosophischen Biologie zunehmend eine kritische Auseinandersetzung mit der idealistischen Philosophie.

Mit seinem Verständnis von Teleologie positioniert Jonas sich schließlich klar gegenüber Kant, der ‚Zweckmäßigkeit der Natur' nicht als (der Natur selbst innewohnendes) konstitutives Prinzip, sondern lediglich als regulatives Prinzip anerkennt.[45] Dahinter steht Kants Vorbehalt gegenüber der Möglichkeit zuver-

---

42 PL, 65.

43 In den ‚Erinnerungen', 69, zitiert nach: Immanuel Kant, Grundlegung zur Metaphysik der Sitten, hrsg. von Bernd Kraft und Dieter Schönecker, Hamburg 1999, 11.

44 E, 69; s. jetzt auch Michael Bongardt u. a., Art. Kant/Neukantianismus, Hans Jonas-Handbuch, 24–27.

45 Song, a. a. O., 72.

lässiger Erkenntnis durch die Erfahrung. Kant billigt dieser zwar grundsätzlich zu, dass auch für sie „eine objektive Zweckmäßigkeit in der Mannigfaltigkeit der Gattungen der Erdgeschöpfe […] als zweckmäßig konstruierter Wesen zum Prinzip" werden könnte.[46] Doch stehe solcher Schlussfolgerung der Erfahrung die ‚Vernunftmaxime' entgegen, die einen ‚letzten Zweck der Natur' angesichts der Zerstörungskraft der Natur und der Sterblichkeit der ‚Tiergattungen' einschließlich des Menschen nicht zu erkennen vermag.[47] Damit also scheide die Erfahrung als Grundlegung einer objektiven Zweckmäßigkeit aus. Für das Prinzip einer *allgemeinen* Zweckmäßigkeit wäre indes ein letzter Zweck der Natur erforderlich. Da ein solcher letzter Zweck als Prinzip einer allgemeinen Zweckmäßigkeit der Natur jedoch unserer Vernunft nicht zugänglich sei, erweisen sich für Kant auch die Gesetze der Natur als „bloß Prinzipien der reflektierenden Urteilskraft […], die nämlich ihren Ursprung nicht an sich bestimmen, sondern nur sagen, daß *wir*, nach der Beschaffenheit unseres Verstandes und unsrer Vernunft, ihn in dieser Art Wesen nicht anders als nach Endursachen *denken* können".[48]

Kant spricht dem Leben also Zweckhaftigkeit ab, weil es sterblich und damit nicht von Dauer ist. Es ist damit nicht von stetigem Wert wie etwa Vernunft und Bewusstsein und damit nicht befähigt, als Begründung eines Begriffs (der Teleologie z. B.) zu dienen. Gerade aber in seiner Zerbrechlichkeit und Sterblichkeit findet Jonas die nicht mehr hintergehbare Wahrheit des Lebens, wie es unwiderruflich *ist*, sich an allem Lebendigen zeigt und von jedem Menschen erfahren wird. Auf *dieser* Wahrheit, die nicht begrifflich begründet, sondern dem Leben abgelauscht ist, gründet demnach seinem Verständnis zufolge alle Wahrheit seiner Philosophie. In dem Folgenden darf daher Jonas' grundsätzlichste Antwort an Kant gesehen werden:

---

[46] Kant, KdU, 384 (B 384).

[47] Die Natur hat „so wenig von den zerstörenden als erzeugenden Kräften die mindeste Ausnahme [gemacht, sondern] alles einem Mechanism derselben, ohne einen Zweck" unterworfen (Kant, KdU, 384; B 384).

[48] Kant, KdU, 386. Es wäre indes „ein glücklicher unsre Absicht begünstigender Zufall [der uns] erfreuet (eigentlich eines Bedürfnisses entledigt) […], wenn wir eine solche systematische Einheit unter bloß empirischen Gesetzen antreffen: ob wir gleich notwendig annehmen mußten, es sei eine solche Einheit, ohne daß wir sie doch einzusehen und zu beweisen vermochten" (Kant, KdU, 93; B XXXIV; Hervorhebung: KGA).

> „Daß das Leben sterblich ist, ist zwar sein Grundwiderspruch, aber gehört untrennbar zu seinem Wesen und ist nicht einmal von ihm wegzudenken. Das Leben ist sterblich nicht obwohl, sondern *weil* es Leben ist, seiner ursprünglichsten Konstitution nach, denn solcher widerruflicher, unverbürgter Art ist das Verhältnis von Form und Stoff, auf dem es beruht. Seine Wirklichkeit, paradox und ein ständiger Widerspruch zur mechanischen Natur, ist im Grunde fortgesetzte Krise, deren Bewältigung niemals sicher und jedesmal nur ihre Fortsetzung (als Krise) ist. Der gewaltige Preis der Angst, der von Anbeginn vom Leben zu zahlen war und sich parallel mit seiner Höherentwicklung steigert, läßt die Frage nach dem Sinn dieses Wagnisses nicht zur Ruhe kommen. In dieser Frage des Menschen, vorwitzig wie die formversuchende Substanz im Dämmer des Lebens, gewinnt nur die ursprüngliche Fragwürdigkeit des Lebens an sich nach Jahrmillionen Sprache."[49]

Für Kant aber ist auch Erkenntnis einer Zieldisposition im Leben der Natur, etwa in der regelmäßigen Produktion von Früchten an Pflanzen und Bäumen im stets wiederkehrenden Wechsel der Jahreszeiten, ‚Naturzweck' also – *aufgrund der begrenzten menschlichen Erkenntnisfähigkeit* – ausschließlich ein Begriff der reflektierenden Urteilskraft. Kant weiß indes um

> „eine einzige äußere Zweckmäßigkeit, die mit der inneren der Organisation zusammenhängt [..., d. h.] im äußeren Verhältnis eines Mittels zum Zwecke dient. *Dieses* ist die Organisation beiderlei Geschlechts in Beziehung auf einander zur Fortpflanzung ihrer Art; [...] Dieses hier macht allererst ein organisierendes Ganzes aus, ob zwar nicht ein organisiertes in einem einzigen Körper".[50]

Doch trotz dieser Ausnahme von der Regel bleibt für Kant jeglicher festgestellter Naturzweck, da er sich eben allein der reflektierenden Vernunft des Menschen verdanke, „ein subjektives Prinzip (Maxime) der Urteilskraft".[51] Dieses transzendentale Format kann er aber nur an mit Bewusstsein begabten Wesen – an

---

[49] Jonas, Evolution und Freiheit; in: PU, 11–33, hier: 15.

[50] KdU, 382; B 380f.

[51] KdU, 93 (Einleitung 5, B XXXIV); vgl. Song, a. a. O., 72f.

Menschen – finden. Darum ist auch allein der vernunftbegabte Mensch für Kant ‚Selbstzweck', d. h. Zweck in sich, der *als solcher* im Unterschied zu allen anderen Zwecken nicht vom Menschen selbst gesetzt wird. Weil es vielmehr dem Menschen aufgrund seiner Vernunft und seiner moralischen Beschaffenheit möglich ist, selbst Zwecke zu setzen und sie zu verwirklichen, ist der Mensch und nur er allein Vollstrecker der transzendentalen Zwecksetzung. Als solcher wird er von Kant „zum Herrn über die Natur erhoben".[52]

Diese Eingrenzung von Zwecksetzung allein auf den vernunftbegabten Menschen kann indes auch anders bewertet werden. Aufgrund des Gesagten versteht Ahn-Jung Song Teleologie in Kants System lediglich „als subjektive Hilfskonstruktion, der aber kein Anspruch auf objektive Wahrheit zugesprochen wurde".[53] Als zweckmäßige sie sei ‚nicht-objektivistisch', weil eben das Objekt sein Telos nicht von sich aus freigibt. Zur begrifflichen Klarstellung weist Song in diesem Zusammenhang daher auf den wesenhaften Unterschied von ‚Zweckmäßigkeit' und ‚Zweckhaftigkeit' hin.[54] Zweckmäßigkeit sei ein Prädikat, das ein Bewusstsein einem Ding zuerkennt; Zweckhaftigkeit sei eine Eigenschaft am Ding selbst. Mit Zweckhaftigkeit würde also ausgedrückt werden, dass der Finalismus des Lebensprozesses kein transzendentaler, sondern ein ontologischer Begriff, nicht dem Lebensprozess transzendental zugesprochen, sondern als ihm *inhärent* erkannt ist. Kant aber kann folgerichtig nur von Zweckmäßigkeit sprechen, weil er über Teleologie nur handeln kann im Zusammenhang von Bewusstsein, das allein über das transzendentale Instrumentarium verfüge.

Letzter Grund dafür, dass Kant der Natur Zweckhaftigkeit absprechen und Zweckmäßigkeit in der apriorisch urteilenden Vernunft verankern muss, ist (wie bereits angedeutet), dass er Vernunft und Natur antinomisch, jeweils im *Gegensatz* von Vernunft und natürlicher Erfahrung begründet sieht. Der *Vernunft*, die der transzendentalen Zwecksetzung für das Verständnis des Organismus mächtig sei, bedürfe es, eben weil unserem Erkennen die *wahre Zweckhaftigkeit* auch von Naturdingen verschlossen bleibe und uns daher nur der regulative Charakter teleologischen *Denkens* erlaubt sei. Erst dadurch werde der Organismus als ein solcher verstanden. Weil aber gleichwohl nichts in der Natur zwecklos ist (auch wenn wir

---

[52] Song, Organismustheorie, 73; dort auch der ganze Zusammenhang.

[53] Song, a. a. O., 74.

[54] Song, Organismustheorie, 75.

deren Zweck an sich nicht zu erkennen vermögen), sei es für das Verständnis der Natur notwendig, eine kausale Erklärung aller Naturvorgänge vorauszusetzen, jedoch dafür *zusätzlich* für unser Verstehen der Welt des Organischen *übergeordnete* (transzendentale) Beurteilungsprinzipien zu fordern. Insofern dessen eben nur der Mensch fähig ist, ist Kants begriffliche Bestimmung von Zweck anthropozentrisch und folglich seine Finalität zweck*mäßig*.

In Abgrenzung von Kant versteht Jonas hingegen Teleologie zweckhaft. Sie *eigne* dem Leben als solchem, weil es sich selbst will und sich damit als zieldisponiert ausweist. Denn den beiden Prinzipien ‚Vernunft' und ‚Natur' zugrunde liege ontologisch das *Leben*, das zuallererst Vernunft und Erfahrung ermöglicht und in dem sich die Antinomie als solche aufhebt. Mit seinem erkennbaren Willen zu sich selbst ist Leben für Jonas die entscheidende Erkenntnisquelle. Denn da der eigene biologische Leib die einzige Wirklichkeit sei, die dem Menschen nicht nur als Gegenstand transzendentaler Erkenntnis gegeben, sondern die er selber als Voraussetzung aller Erkenntnisse immer schon *ist*, bilde die subjektive Selbstwahrnehmung der menschlichen Eigenleiblichkeit die Voraussetzung jeder vollständigen Ontologie.[55]

Dass Kant die „Organisation beiderlei Geschlechts zur Beziehung auf einander zur Fortpflanzung ihrer Art" zwar als Ausnahme von seiner transzendentalen Bestimmung der Zweckmäßigkeit erwähnt, jedoch nicht weiter bewertet, markiert indes den essentiellen Unterschied zu Jonas. Aufgrund der zentralen Bedeutung, die der Sexualität im Lebensvollzug und im Fortleben der Menschheit zukommt, wäre zuallererst die Geschlechtlichkeit prädestiniert, als Basis der Erkenntnis einer der Natur innewohnenden Zweckhaftigkeit zu dienen. Im Sinne Jonas' ergäbe sich daraus eine Erkenntnistheorie, die nicht primär auf der transzendentalen Urteilskraft gründet, sondern auf den Strukturen des Lebens.

II.3 Teleologie vor dem Forum von Rationalismus und Evolution

Jonas weiß indes, dass ‚Endursachen als Modi operandi der Natur' in der modernen Wissenschaft zumeist *generell* verworfen werden, vor Kant bereits durch

[55] So auch Lenzig, Freiheit, 136; 141.

Francis Bacon. Bacon zählte finale Erklärungen zu den der Menschennatur eingeborenen Vorurteilen – ‚idols of the tribe'.[56] Jonas nennt dies als Grund dafür, dass Zweckursachen von der Wissenschaft als subjektiv und darum nicht belastbar angesehen wurden – als unwissenschaftlich also, gerade *weil* sie dem menschlichen Geist vertraut seien und, als aus der menschlichen Erfahrung stammend, mit den Worten *Bacons* „die Philosophie seltsam verunreinigt haben".[57] Bereits *Descartes* trennte darum konsequenterweise die Innenwelt des Denkens als res cogitans von der äußeren Realität, der res extensa, ab – denn nur sie war mathematisch und damit, wie gewünscht, exakt erklärbar –, während andere Modi des Erkennens, etwa solche, die sich leiblicher Erfahrung verdanken, hinter dem Ideal exakten Wissens zurückblieben und diesem darum nicht zugerechnet wurden.

Doch sei, so Jonas, die Verwerfung von Endursachen mit dem Aufkommen der modernen Wissenschaft zunächst nur ein *methodologisches* Prinzip gewesen: Wissenschaftliche Forschungen sollten nicht davon geleitet sein, dass man ihre Ergebnisse gewissermaßen schon vor Abschluss wissenschaftlichen Bemühens kannte. Als man indes zu tragfähigen Ergebnissen außerhalb des Postulats natürlicher Teleologie gelangte, die wissenschaftlich bewiesen und vernunftgemäß erschlossen waren, erhob man das methodologische zum wissenschaftlich *allein* sachgemäßen Prinzip. Dem äußeren Erkennen wurde mit dem Anspruch auf mathematisch exakte Objektivität wesentlich die „Ausarbeitung äußerer Sinnesdaten nach ihren extensionalen Eigenschaften" zugeschrieben, während andere Modi der Beziehung zur Wirklichkeit, wie etwa die Kommunikation zwischen Leben und Leben oder die ‚Erfahrung des Aufpralls und Widerstandes der Dinge in körperlicher Anstrengung' (als Begründung von Kausalität) zurückblieben hinter dem Ideal exakten Wissens.[58] Alle Übertragung innerer Erfahrung auf die Interpretation der Außenwelt wurde daher mit strengem Bann belegt; Anthropomorphismus und

---

56 PL, 66f.

57 Bacon; bei Jonas, PL, 67. – Die gegensätzlichen Positionen verlaufen analog den konträren Begründungen auch der Kausalität bei Kant und Jonas. Während für Kant auch *Kausalität*, die sinnlich nicht wahrgenommen werde, nur apriori kategorial begründet werden könne, sieht Jonas sie allein in der leiblichen Erfahrung des ‚Andringens der Weltmaterie' konstituiert und hält Kants Position entgegen, dass durch sie Kausalität nur angeschaut, aber nicht erfahren werden könne, insofern sie das Leben selbst verfehle.

58 PL, 67f.

Zoomorphismus galten fortan als ‚wissenschaftlicher Hochverrat', so Jonas.[59] Damit sei aber die Ausschließung der Teleologie aus dem philosophischen Denken bis heute kein „induktives Ergebnis, sondern ein A-priori-Dekret der modernen Wissenschaft". Statt der Teleologie werde nunmehr Nicht-Teleologie als Prinzip vorausgesetzt:

> „Endursachen jeder Art, also Teleologie im weitesten Sinne, [haben] keinen Platz mehr im stofflichen All. […] Daß die Natur bar ist jeder, auch der unbewußtesten, Neigung zu Zielen, jeder Bevorzugung eines künftigen Zustandes vor anderen – daß End- wie auch Formursachen aus ihrem Inventar gestrichen wurden und nur noch Wirkursachen übrigblieben, folgt einfach aus dem Prinzip quantitativer Äquivalenz und Konstanz [das also auf Entelechie verzichtet], wodurch sich der Determinismus der modernen Naturwissenschaft von jedem früheren unterscheidet."[60]

Darin sieht Jonas jedoch eine „Fundamentalannahme, nicht so sehr der modernen Wissenschaft selbst, als der in ihrem Dienst stehenden modernen Metaphysik". Die Naturwissenschaft sage uns aber nicht Alles über die Natur: „Es ist dies ein essentielles, kein vorläufiges Unvermögen".[61] Denn die Natur *kenne* Endursachen als ‚Modi operandi' des ihr eigenen Naturprozesses. Immanente Teleologie stelle folglich einen „Kausalmodus der Natur selbst" dar.[62] Solange freilich mit dem ‚du-

---

59 PL, 67f. – Eine ausführliche Zusammenstellung entscheidender wissenschaftlicher Positionen zur Frage der Teleologie auch bei Song, Organismustheorie, 66–79.

60 Jonas, Von Kopernikus zu Newton: Aus den Anfängen des neuzeitlichen Weltbildes; PU, 103–127; hier: 124; ähnlich PL, 66. – Das damit angesprochene prinzipielle Problem stets schon vorausgesetzter Paradigmen auch im Vollzug wissenschaftlicher Arbeit ist ausführlich von Regina Uhtes (Metaphysik des Organischen, 29–57) bearbeitet worden.

61 PL: 67 und PV, 140. Vgl. auch Song, a. a. O., 114. Zur Bestätigung dessen sei auf den Münchner Kernphysiker Hans-Peter Dürr verwiesen, der der naturwissenschaftlichen Beschreibung der Wirklichkeit lediglich zubilligt, dass sie „eine Struktur, ein ‚Wie' [erfasse], nicht aber den Inhalt, das Wesen, das ‚Was' der eigentlichen Wirklichkeit." „Durch unsere Sinneswerkzeuge prägen wir der Wirklichkeit ein Raster auf, das sie in ihren Ausdrucksformen beschränkt und in ihrer Qualität verändert," ohne aber das Wie und Wesen der Dinge zu erfassen. (Hans-Peter Dürr, Physik und Transzendenz, 109).

62 PL, 65.

alistischen Spalt' zwischen Subjekt und Objekt, mit Idealismus und Materialismus also im Denken seit der Aufklärung, zwei heterogene Reiche' einander gegenüberstanden, wurde zwar „jede Übertragung von Charakteren *innerer* Erfahrung in die Interpretation der *Außen*welt mit strengem Bann belegt."[63]

Jedoch fand Teleologie immer noch ihren ‚legitimen Sitz' innerhalb der dualistischen Metaphysik, denn „in der dualistischen Teilung ist das Wesen des Menschen oder des Lebens, das diesen Sitz beistellt, noch nicht verleugnet".[64] Es lebt, wie auch immer gedeutet, im Idealismus als einer Erscheinungsform der res cogitans fort, die von res extensa zugestanden, wenn auch von deren eigenem Wirkungsbereich ausgeklammert blieb. Im Geflecht dieses Dualismus sieht Jonas allerdings den Materialismus als den ‚Schauplatz' an, auf dem der Denker dem Lebensproblem in einer ‚unausweichlicheren Form' als im Idealismus begegne. Denn wähle er seinen eigenen Standort im Idealismus, so habe er mit dem Primat des Denkens dort „im vorhinein seine eigene Partei genommen", während er im Materialismus „seiner eigenen Verneinung ins Auge" blicke und doch „in seinem denkenden Tun [...] selber den Fall darstellt, dem sein Gedachtes [eben der Materialismus] den Ort versagt".[65] Er bleibt eben mit seinem Denken ein Denker, auch unter dem Diktat des Materialismus.

Jedoch erwies sich, so Jonas, der Dualismus schließlich als unhaltbar angesichts der organisch-evolutiven Erkenntnisse Charles Darwins. Mit dem Abtreten des Dualismus und dem Sieg des wissenschaftlichen Materialismus in Gestalt der darwinistisch verstandenen Evolutionslehre wird die res cogitans in ihrer organischen Fundierung nun selbst ein Teil und Produkt der einheitlichen Natur. Sie wurde unter dem Diktat der Evolution gewissermaßen entmachtet und als Sonderfall der Gesetze des Materialismus entlarvt. Damit schien sie zugleich der Gefahr ausgesetzt, ihrer Jahrtausende währenden Bedeutung beraubt zu werden.

Doch sprengte Jonas zufolge die Evolution nach ihrem Sieg über den cartesischen Dualismus zugleich auch die Grenzen des Materialismus (dem sie selbst zugehört), weil sie ohne dies zu wollen die ontologische Frage neu stellte. Denn sie musste nun den ‚besiegten' Idealismus bzw. die besiegte res cogitans eben

[63] PL: 68 (Hervorhebung: KGA).

[64] PL, 70.

[65] PL, 49.

in irgendeiner Form in sich aufnehmen. Das inhaltliche Anliegen der res cogitans war ja schließlich nicht einfach erledigt; es lebte und lebt mit den Prämissen der Evolution fort, weil mit der Entwicklungslehre, die auch die Natur des Menschen als einen Teil der monistischen Ontologie ausweist, nunmehr – eben in Gestalt des Menschen als einer psychophysischen Ganzheit – der Natur als ganzer auch Endursachen eingeschrieben werden, so Jonas. Schließlich könne zumindest dem Menschen zweckmäßiges Denken und Handeln auch im Rahmen der Evolution nicht einfach abgesprochen werden. M.a.W.: Ist der Mensch ein Produkt der Evolution (und dies kann nicht bezweifelt werden), und behält er unverlierbar seinen Platz innerhalb der evolutiven Geschichte des Lebens, so beweist gerade *er* mit seinem zielgerichteten und zweckhaften Verhalten als Ergebnis der Evolution, dass dieser unabweisbar Zweckhaftigkeit und Teleologie zugehören. Am Leben also, das sich selbst will und sich um sich sorgt, zeige die Natur, dass sie potentiell Subjektivität und mit ihr wiederum Zweckhaftigkeit, Finalität, Teleologie in sich birgt. Als ‚Kausalmodus der Natur'[66] sei dies immanente Teleologie.

Damit sieht Jonas „‚Zweck' […] über alles Bewusstsein hinaus, menschliches wie tierisches, in die physische Welt als ein ihr ursprünglich eigenes Prinzip ausgedehnt"[67] – gemäß seiner Einleitung, es gebe keine Materie ohne Subjektivität.

II.4 Teleonomie oder Teleologie?

Doch die monistischen Gesetze des Darwinismus sind klassischerweise rein materialistisch, geprägt von einem konsequenten Wenn-Dann-Mechanismus. Sie bedürfen keiner idealistischen Komponente. Evolution wird in herkömmlicher Denkweise gänzlich nicht-subjektivistisch gedacht – wenn nämlich das Evolutionsgeschehen als reines Wenn-Dann-Verhalten auf einem Selektionsprinzip gründet, dessen Voraussetzungen allein Selbstreproduktivität, Mutagenität und Metabolismus sind. Dieses Konzept, das keiner subjektiven Komponente bedarf, versteht Evolution allein milieubedingt; die umgebenden Lebensbedingungen entscheiden, ob ein mutierter Organismus in einer bestimmten Umwelt lebensfä-

66 PL, 65.

67 PV, 144f.

hig ist oder nicht. Es billigt der Evolution also keinerlei subjekthafte Faktoren zu[68], ist mithin nicht teleologisch, sondern allein teleonomisch zu verstehen.

Teleonomie bezeichnet die energetische Gesetzmäßigkeit eines stringenten Wenn-Dann-Mechanismus in der Natur ohne subjektive Impulse. In ihrer konsequenten Ausformung bezeichnet sie die Wirkungssequenz, die im Energiehaushalt der Natur bestrebt ist, mögliche energetische Differenzen an Spannung und Ladung in einen energetischen Gleichgewichtszustand zu überführen. Nicht mehr also zweckhafte Tendenzen im Naturhaushalt bewirken bestimmte Entwicklungen, sondern allein die Spannungsdifferenz zwischen unterschiedlichen elektrischen Ladungen.

Jonas verdeutlicht das Paradigma der Teleonomie des näheren am *systemisch-kybernetischen* Verständnis des Menschen gemäß der von (Jonas' Freund) Ludwig von Bertalanffy begründeten allgemeine Systemtheorie. Sie geht „von einer *Wechselwirkung* zwischen einer komplexen Struktur und ihren Teilen"[69] aus. Bertalanffy bezeichnet solche Wechselwirkung als ‚Fließgleichgewicht' und versteht dies als ‚die Leistung des Sich-Selbst-Erhaltens durch die Erneuerung von Gleichgewichtszuständen'.[70] Als Beispiele für die Darstellung seiner These nennt er „ein Atom als System physikalischer Elementarpartikel, eine lebende Zelle als System sehr zahlreicher organischer Verbindungen oder enzymatischer Reaktionen, und eine menschliche Gesellschaft als System vieler Individuen".[71] Jedem dieser Systeme eigne das Bestreben, sein inneres Gleichgewicht stets energetisch neu zu sichern. Auch ein kybernetisches System agiert also zielgerichtet. Kybernetik lässt einen Zielbegriff jedoch auch im Fall des (zieldisponiert argumentierenden!) Menschen nicht im aristotelischen Sinn „als antizipiertes Telos eines Subjekts" zu, sondern nur „als mathematisch bestimmbare Größe, die auf Grund bestimmter kausaler Mechanismen den Gleichgewichtszustand eines Systems konstant hält" bzw. ihn wieder in den Zustand energetischen Gleichgewichts überführt. Diese prinzipielle Verschränkung innerhalb eines funktio-

---

[68] So pars pro toto Wolfgang Erich Müller, Hans Jonas. Philosoph der Verantwortung, 208f., unter Berufung auf Manfred Eigen, Stufen zum Leben, München 1987.

[69] Lenzig, Freiheit, 105.

[70] Ludwig von Bertalanffy, Systemtheorie, Berlin 1972. Jonas setzt sich mit ihr auseinander in seinem Aufsatz ‚Harmonie, Gleichgewicht und Werden', PL 109–125.

[71] Bei Lenzig, Freiheit, 106.

nellen Systems bedeutet, dass der Organismus – das Leben – ein kybernetisches System von ineinander verschränkten Regelkreisen ist. Das Funktionieren der Regelkreise ist das Leben.[72]

Das lässt sich indes wiederum auch als eine Spielart transzendentaler Interpretation des Organischen verstehen, erneut als ein Deutungsschema, das – diesmal anhand des Energiehaushalts des befragten Gegenstands ausgesagt – über die Welt des Lebendigen gelegt wird. Denn Hintergrund solcher teleonomisch begründeter Ablehnung von Zwecken in der Natur sei, so Jonas, dass die ‚moderne Naturerklärung' das aristotelische Seinsverständnis mit der Annahme von Entelechie in Naturdingen verworfen habe. Ihr Einwand gegen Entelechie gründe sich aber lediglich darauf, das aristotelische Paradigma beinhalte *nicht*, dass „Zweckursachen *entbehrlich* für die Kausalerklärung" seien.[73] M.a.W.: Aristotelisches Seinsverständnis habe Zweckursachen für die Kausalerklärung nicht ausdrücklich verworfen und sei folglich nicht wissenschaftlich belastbar.

Dem Anspruch der Teleonomie entsprechend interpretiert Jonas Erhalt und Erneuerung des *Fließgleichgewichts* als ‚Inhalt der Funktion des Systems' und dessen Sinn. Und er profiliert dies mithilfe einer Karikatur, für die er die ‚*cybernetische Auslegung*' des nur *scheinbar* zielgerichteten Handelns eines Tieres wählt – ausgeführt am Beispiel des Beschaffens und Verzehrs von Nahrung durch eine hungrige Katze:

> „Nach cybernetischer Auslegung kann das Sichten als bloß objektiver Nervenreiz mit der Rolle des ‚trigger' verstanden werden, und die darauf folgenden Verhaltensanpassungen als ebenso objektiver sensorisch-motorischer feed-back-Mechanismus, so daß der ganze Vorgang etwa so zu beschreiben ist: physiologische Spannung (homeostatisches *Gefälle*); innere Sekretion und Nervenreizung; selektive Auslösebereitschaft des Verhaltensschemas; äußere (sensorische) Nervenreizung als Auslöser des passenden Verhaltensschemas; sensorisch-motorische Rückspeisung als Lenker

[72] Reinhard Löw, Philosophie, 277; zitiert nach Lenzig, a. a. O., 107, Anm. 351.

[73] PV, 139; Hervorhebung: KGA.

> des Verhaltensablaufs; Verhaltenserfolg als Spannungsausgleich (homeostatisches *Gleichgewicht*)."[74]

‚Homeostatisches Gefälle' bezeichnet in dem Beispiel den Hunger, ‚sensorische Reizung' die Sichtung der erhofften Beute und der ‚Spannungsausgleich' die Sättigung und die daraus erfolgende Befriedigung.

Die teleonomische Beschreibung des Verhaltensablaufs, so Jonas, verzichte also naturwissenschaftlich begründet auf jegliche ‚psychologische Ausdrücke', d. h. zugleich: auf zweckhafte Ausdeutung. Der Mensch dürfe nur noch als das gesehen werden, was sich durch die Systemtheorie als Verständnis von ‚Leben' aussagen lässt: als Zusammenspiel von Regelkreisen. Teleologie als kausal wirksame Form des Organismus und speziell des Menschen hat keinen Raum in diesem System, das keine Subjektivität, verstanden als eigenen Willen des Subjekts zu leben, mehr zulässt. Vielmehr ist menschliches Handeln nunmehr „ontologisch sekundär, letzten Endes Produkt einer zufälligen, durch Selektion ausgezeichneten Konstellation deterministischer Kausalprozesse, also teleonomisch interpretierbar".[75].

Damit, so Jonas, stehe die Ontologie folglich mit all dem Gesagten vor

> „zwei monistischen Alternativen […]: *entweder* die Anwesenheit zweckgerichteter Innerlichkeit in einem Teil der physischen Ordnung, nämlich im Menschen, als gültiges Zeugnis für die Natur jener weiteren Wirklichkeit zu verstehen, die sie aus sich hervorgehen ließ, und das, was sie in sich selbst offenbart, als Teil der allgemeinen Evidenz anzunehmen [nämlich das Leben, das sich selbst will];
>
> *oder* die Normen mechanischer Materie bis ins Herz der anscheinend heterogenen Klasse von Phänomenen auszudehnen und Teleologie sogar aus der ‚Natur des Menschen' zu verbannen, von wo aus sie die ‚Natur des Universums' verunreinigt hatte – das heißt, den Menschen sich selbst zu entfremden und der Selbsterfahrung des Lebens die Echtheit abzusprechen".[76]

[74] PV, 123; Hervorhebungen: KGA.

[75] Lenzig, Freiheit, 110.

[76] PL, 71 (Hervorhebung: KGA).

II.5 Teleologie im Lebensprozess

II.5.1 Als Subjektivität

Jonas stellt als erste Antwort auf diese Alternative eine Gegenfrage: Kann teleonomisch definiertes Leben überhaupt irgendeinen „Sinn von Leben" erfassen?[77] Bliebe in ihm noch Raum für *Subjektivität, Freiheit und Identität des Menschen*? Die Prämisse, dass Subjektivität nur vernünftig oder in teleonomischer Lesart nur eine *scheinbare* Wahrheit sein könne, werde doch, so Jonas, widerlegt schon durch die Tatsache, dass auch *wir* ‚in der Helle unserer hochgesteigerten Mentalität' zugleich um mehr oder weniger Bewusstes in uns wissen und um „Grade der Vorstelligkeit [...], von dunklem Drang, ja von unbewußtem Wollen und Trachten",[78] eruptiv aufkommendes Unbewusstes also, das elementar Leben in ‚Echtheit' ist und sich in keiner Weise als teleonomischer Wenn-Dann-Mechanismus verständlich machen lasse. Im Gegenteil müsse man offenbar sogar dem Unbewussten am Menschen bereits Subjektivität zusprechen, die sich aller Rationalität zuwider Raum im Menschen schafft.

In seine Antwort an Bertalanffy bezieht Jonas zugleich den Hinweis auf die gefühlte Realität auch tierischen Lebens ein: „Welche Rolle im *Zweck*charakter des Aktionsganzen ist dann noch dem Subjektiven, Erlebnishaften zuzusprechen, dessen pure *Anwesenheit* [in der Tierwelt] doch kein Zeuge der ausdrucksvollen Intensität tierischen Handelns und Erleidens verkennen kann?"[79] Für die Leugnung des subjekthaften Aspekts im tierischen Verhalten durch die Wissenschaft nennt Jonas einen ‚ganz und gar künstlichen Grund'. Es sei, aller teleonomischen Systematisierung vorausliegend, Descartes' Dekret, dass „Subjektivität als solche nur vernünftig und folglich nur beim Menschen sein kann"[80], also nur anthropozentrisch und Tieren folglich prinzipiell abzusprechen sei. Tiere seien für Descartes ‚nichts als Maschinen' – eine Form dualistischer Lesart des Lebens.

[77] PL, 125.

[78] PV, 141.

[79] PV, 124.

[80] PV, 124.

Überraschenderweise stellt jedoch, ebenfalls gegen Descartes gerichtet, bereits Julien Offray de la Mettrie, gemeinhin bekannt durch sein Hauptwerk ‚L'homme machine' – der Mensch eine Maschine –, nicht das Trennende zwischen Mensch und Tier etwa durch die menschliche Sprache, sondern die Gemeinsamkeit von Mensch und Tier aufgrund vergleichbarer *Gefühlsregungen* fest:

> „Die Erfahrung beweist es uns, daß es die Fähigkeit zu fühlen bei den Tieren genauso gibt wie bei den Menschen." Man könne auch nicht die konventionelle *Sprache* als trennendes Moment zwischen Menschen und Tieren anführen. Vielmehr gebe es „etwas anderes Gemeinsames zwischen Menschen und Tieren [...]; ich rede von der Sprache der Affekte, wie das Wehklagen, die Schreie, Liebkosungen, die Flucht, die Seufzer, den Gesang, mit einem Wort alle Ausdrücke des Schmerzes, der Niedergeschlagenheit, der Abneigung, der Furcht, der Kühnheit, der Unterwürfigkeit, der Wut, der Freude, der Zärtlichkeit etc." Es gebe kein anderes Lebewesen als das Tier, „das gleichsam vom Gefühl durchdrungen ist, [...] es scheint alles in dieser Währung erhalten zu haben".[81]

Allein schon vor dem Hintergrund derartiger Beobachtungen lasse sich Leben, so Jonas, nicht synthetisch aus den Eigenschaften toter Materie erklären. Vielmehr sei mit dem Aufkommen von Leben eine ontologische Revolution verbunden, die den Rahmen des jeweiligen Ausgleichs energetischer Spannungen in einem Organismus wesenhaft übersteigt. Sie zeige sich daran, dass nunmehr jeder Organismus – aristotelisch verstanden als das Zusammenwirken von Form und Stoff – selbstzentriert und sich selbst erhaltend nach den je eigenen Gesetzen seiner Form sich Materie zweckhaft integriert. M.a.W.: In einem Lebewesen *bestimme die Form die Funktion der Materie*; Materie könne nicht umgekehrt die Form des Organismus dominieren. Ein Lebewesen als solches (als ‚Form') nimmt lebensdienliche Nahrung (‚Stoff') auf. Nicht die notwendige Nahrung definiert damit das jeweilige Lebewesen; dieses ist vielmehr ein mit sich identisches Selbst, das sich ihm adäquate Nahrung besorgt. Mithin: Subjektivität, Teleologie, nicht Teleonomie bestimmen den Lebensprozess. Eigene Subjektivität, die Sorge, sich selbst zu erhalten, ist (wie erinnerlich) für Jonas das, was für jedes Lebewesen primär im Zentrum seines Daseins steht, und zwar unter der ‚gebieterischen Alternative

[81] La Mettrie, Abhandlungen über die Seele, 262 und 265.

von Sein oder Nichtsein'. Der unabweisbare Zusammenhang des Stoffwechsels mit dem Gewinn von Freiheit, Identität, innerweltlicher Transzendenz und zur Prüfung befähigter Instanz, der bereits eingangs skizziert wurde, birgt indes in sich zieldisponiert Teleologie. In gleicher Weise sind aber auch Gefühl, Lust, Wollen, Planen, Erleiden, Erleben von Gelingen und Scheitern Äußerungen des Lebens und seiner Subjektivität, die durch kein teleonomisches System erfassbar sind. Für Jonas sind sie naturgegeben, ganz und gar Äußerung der Natur.

II.5.2 In der Evolution

Zweckgerichtete Innerlichkeit findet Jonas in der Folge dieses Gedankengangs, dem Gesetz der Evolution folgend, indes in quasi unendlich vielen Abstufungen in allem Lebendigen und dessen Abkunft. Denn anthropomorph vom Menschen ausgehend und hinabsteigend durch die Tierreihe fordere das Gebot der evolutiven Kontinuität auch, schon einfachsten Organismen ‚unendliche Schattierungen einzuräumen', in denen „das ‚Vorstellige' wohl irgendwann verschwindet (vermutlich da, wo es noch keine spezifischen Sinnesorgane gibt), das Appetitive aber mit Sinnlichkeit wohl nie". Jonas spricht daher von einer so ausgebreiteten Subjektivität im Dunkel der Geschichte des Lebens, dass „der Begriff eines individuellen Subjekts dabei allmählich verschwindet, und irgendwo verliert sich die Reihe im Subjektlosen". Doch damit nicht unbedingt „im Ziellosen, Zweckfreien", denn das Aufkommen subjekthaften *Strebens* (am Menschen, aber eben auch an Tieren, Pflanzen und allem Lebendigen überhaupt) sei im Sinne eines integralen Monismus gar nicht erklärbar, wenn es nicht vorab in seiner Partikularisierung aus den dunkelsten Anfängen ‚unstrebend emporgetaucht' wäre: „Etwas schon von seiner Art muß es aus dem Dunkel in die größere Helle emporgetragen haben."[82]

Damit erschließt sich Evolution als Lebens*prozess* und begründet den prozessualen Zusammenhang der gesamten Lebensgeschichte. Auch humane Subjektivität gewinnt ihre volle Tragweite erst durch ihre Verwobenheit in die gesamte Geschichte des Lebens, welche durch die Evolution erkennbar gemacht wurde. Sie fügt den Menschen in die Lebensgeschichte der Erde ein und erklärt ihn als Produkt dieser Geschichte. In der je eigenen Sorge um das eigene Sein weist der

---

[82] Alles: PV, 141.

organische Zusammenhang des Lebens, beginnend mit allerersten replikationsfähigen organischen Gebilden und (vorläufig) gipfelnd im Aufkommen des Menschen, auf eine teleologische Tendenz als Grundlage für das Spiel der Evolution zwischen trial, error und Ergebnissen hin, welche dann zieldisponiert stabil und darum zukunftweisend sind. Diese Tendenz ist nicht dem Menschen allein, sondern evolutiv allen Organismen zu eigen. Denn von allem Anfang an zeige sich eine „Tendenz des Daseins“, aufgrund derer sich schon im einfachsten Organismus „Horizonte von Selbstheit, Welt und Zeit unter der gebieterischen Alternative von Sein oder Nichtsein in vorgeistiger Form abzeichnen“.[83] Im Menschen finde lediglich Sprache, was sich seit Jahrmillionen als Prozess des Lebens ereignet.

Am Menschen wiederum als der vorläufigen Spitze der evolutiven Entwicklungsgeschichte zeige die Evolution auch, welcher Möglichkeiten sie fähig ist. Denn umfasst Evolution die gesamte Lebensgeschichte, muss sie so weit gefasst sein, dass sie *alle* Lebensäußerungen der Natur einschließlich des menschlichen Geistes und Denkens, Fühlens, Planens, Entscheidens und Konstruierens in sich enthält und aus sich freisetzt. Um der Ganzheit und Einheit des Lebensprozesses willen müssen auch diese Momente in die Evolution eingerechnet werden. Denn die Evolution duldet ihrerseits keine Seiteneinsteiger, die irgendwie ‚von außen‘ etwa als Geist oder Vernunft zusätzlich zum menschlichen Lebensprozess hinzugekommen wären. Auch Geist, Vernunft und vergleichbare speziell menschliche Äußerungen des Lebens müssen in den Wirkungsbereich der Evolution eingerechnet werden. Vom Menschen ausgehend und anthropomorph von ihm aus rückschauend, erschließt sich erst der ganze Rahmen, innerhalb dessen Evolution verstanden sein will.

Das heißt im Umkehrschluss, dass nicht mehr wie in der klassischen Evolutionslehre die physikalisch-biologischen Gesetze der Materie und ihrer jeweiligen Umwelt allein den Rahmen abstecken, innerhalb dessen Lebensfunktionen definiert werden dürften. Sondern das Leben in der Fülle seiner organischen, seelischen und geistigen Äußerungen muss seinerseits als der Rahmen für den Funktionsbereich der Evolution bezeichnet werden. Alles Leben muss vollständig aus den Möglichkeiten der Evolution erschlossen werden können. M.a.W.: Als *Subjektivität*, die allem Lebendigen, nicht nur dem Menschen zukomme, muss Leben *alles* Lebendige umschließen, dessen allumfassende Grundprämisse ja die ‚Sorge‘ um das eigene Sein ist. Als Sorge um das eigene Sein aber ist sie per definitionem Te-

[83] PV, 144.

leologie, die als Moment der *allem* Lebenden eigenen Subjektivität für Jonas jedes Leben *eo ipso* als zieldisponiert ausweist.

II.5.3 In einem erweiterten Materiebegriff

Dem Umstand aber, dass die Evolution das Phänomen Leben und damit Subjektivität und Zweckhaftigkeit hervorgebracht hat[84], entnimmt Jonas schließlich das Recht für die noch tiefer reichende Folgerung, dass die Dimension des Subjektiven schon von allem Anfang an in der *Materie* grundgelegt war und bereits *deren* Sein qualifiziert haben muss. Denn es sei nicht vorstellbar,

> „daß das emphatisch Ungleichgültige, wie es die Subjektivität nun einmal ist, aus dem ganz und gar Gleichgültigen, Neutralen entsprungen sein soll, also auch dies Entspringen selber ein gänzlich neutraler Zufall war, für dessen Eintreten keinerlei begünstigende Präferenz bestand. Es liegt vernünftigerweise näher, eine solche Präferenz im Schoße der Materie anzunehmen – d. h. das Zeugnis subjektiven Lebens, das durch und durch Wille ist, dahin zu deuten, daß dem es Hervorbringenden, eben der Materie, so etwas wie Wille nicht gänzlich fremd sein kann“[85].

Dafür muss Jonas nun aber einen neuen, erweiterten Materiebegriff fordern. Dieser neue Begriff müsse gegenüber dem herkömmlichen Verständnis von Materie *um den Lebensbegriff erweitert* werden mit der „Koexistenz von innen und außen“. D. h.: Alle Lebensäußerungen leiblicher und mentaler, organischer und geistiger Art müssen nunmehr potentiell in den Materiebegriff integriert werden und sich diesem verdanken. Und auch Materie selbst erschließt sich von allem Anfang an als fortwährender *Prozess* und nicht als etwas Statisches. Um der untrennbaren Verwobenheit des Lebens mit der Natur willen spricht Jonas daher von der Subjektivität als deren Oberflächenerscheinung:

---

84 „Da Leben mit Innerlichkeit, Interesse und Zweckwollen aus dem Weltstoff hervorgegangen ist, kann diesem in seinem Wesen dergleichen nicht gänzlich fremd sein“ (MGS, 36).

85 Jonas: MGS, 22; Lenzig, Freiheit., 107.

> „[W]ie das manifest Subjektive (das immer auch partikular ist) so etwas wie eine hochgetriebene Oberflächenerscheinung der Natur ist, so ist es auch in dieser verwurzelt und in Kontinuität des Wesens mit ihr; so also, daß beide an ‚Zweck' partizipieren. Nach dem Zeugnis des Lebens […] sagen wir also, daß Zweck überhaupt in der Natur beheimatet ist."[86].

Mit der Qualifizierung der Subjektivität als Oberflächenerscheinung der Materie versucht Jonas also, den prinzipiellen Zusammenhang von (kosmischer) Materie und Leben zu sichern.[87] Schon unterhalb „aller Stoffverbände gewisser Ordnungsformen", wo er bereits auf der Grundlage eines erweiterten Materiebegriffs eine „subjektlose Subjektivität" annimmt,[88] findet er Zweckhaftigkeit, die er dann, wie erinnerlich, anthropomorph in abgestufter Intensität generell allem mit Subjektivität begabten Leben zurechnet. Mit ihr aber müsse Evolution des weiteren mit ihrem Beginn im ersten Aufkommen des Lebens schließlich aus den Tiefen des kosmischen Prozesses emporgestiegen sein – woher sonst? Ohne diese Vorgeschichte würde sie in seltsamer Weise als Fremdkörper in das kosmische Dasein eintreten. Evolution als Produkt des kosmischen Prozesses verlangt demnach Monismus.

In der Oberflächenerscheinung der Natur sieht Jonas folglich „die sichtbare Spitze eines viel größeren Eisbergs". „Oder: die Frucht verrät etwas von Wurzel und Stamm, aus denen sie erwuchs."[89] Die ‚Oberflächenerscheinung' zeige mithin das Potential des stummen Inneren der Materie auf. Nimmt man Jonas' Bild von der Subjektivität als der Oberflächenerscheinung der Materie beim Wort, so besagt es, dass er der Materie im Inneren des kosmischen Stoffes von Anfang an Finalität, eine Art von „Wollen" zuschreibt, ein „Über-sich-Hinauswollen", das noch kein „Wissen", wohl aber mit Unterscheidungsvermögen verbunden sei. Beim Eintreffen einer günstigen Gelegenheit im Prozessgeschehen kosmischer Evolution stehe die Materie ihrer ‚Einladung' dann nicht indifferent gegenüber, sondern leiste ihr mit Vorzug Folge,[90] realisiere also in Anbetracht einer evolutiv aufgekommenen Situation final eine ihr potentiell inhärente Möglichkeit, nämlich Leben und mit

---

86 PV, 142.

87 PV, ebd.

88 PV, ebd.

89 PV, ebd.

90 PV, 143. Vgl. Thomas Schieder, Weltabenteuer Gottes, 210.

ihm Zweckhaftigkeit. Materie in dem dargestellten erweiterten Sinn erweise sich folglich, so Jonas, bereits an ihrem Urgrund und von allem Anfang an als das begründende Movens für alles zweckhafte Verhalten der Natur. Und das heißt noch einmal, dass

> „Finalität – Zielstreben – in gewissen Naturwesen, nämlich lebenden, subjektiv-manifest auftritt und von da auch objektiv-kausal wirksam wird. Sie kann der Natur, die eben solches hervorbrachte, nicht gänzlich fremd sein; sie muß selber ‚natürlich' sein, und zwar naturgemäß, naturbedingt und autonom naturerzeugt. Es folgt, daß Endursachen – damit aber auch Werte und Wertdifferenzen – in den Begriff der [...] Weltkausalität mit hineingenommen werden müssen".[91]

M.a.W.: An der Realisierung von Zwecken durch alles Lebendige auf Erden, realisiert von Materie, die sich darin als ‚Teleologie in Latenz'[92] ausweist, und schließlich gipfelnd im Hervorbringen von menschlichem Leben, lässt sich anthropomorph im Rückschluss die allumfassende Potentialität der Materie erkennen, und Materie als Realisierung einer kosmischen Möglichkeit. Und mit all dem erschließt sich der von Jonas geforderte erweiterte Materiebegriff. Damit bestätigt Jonas erneut seine eingangs erwähnte These, dass es nicht nur keine Subjektivität ohne Materie, sondern auch keine Materie ohne Subjektivität gebe.

Der erweiterte Materiebegriff, der Subjektivität und Evolution in sich einbezieht, weil eben Leben und dessen prozesshafte Entfaltung aus ein und derselben Materie hervorgehen, macht indes die Annahme eines integralen Monismus unausweichlich.

II.5.4 In einem integralen Monismus

Integraler Monismus muss sich nach allem Gesagten an mehreren Parametern orientieren, um die in ihm vereinigte Vielfalt von Subjektivität, Evolution und Materie als Einheit im Sinne von Jonas verständlich zu machen:

---

[91] MGS, 23.

[92] Vgl. MGS, 23.

Zum einen ist Subjektivität als Sorge um Sein erst richtig verstanden, wenn sie als Moment am Stoffwechsel erkannt ist, durch dessen Vollzug sie erscheint. Mit ihm fügt sich indes Subjektivität unweigerlich in alle Lebenszusammenhänge ein, in denen Stoffwechsel das Sein besorgt, also in den Zusammenhang alles Lebendigen unter Einbeziehung aller Äußerungen auch des menschlichen Lebens in der ganzen Fülle seiner Möglichkeiten. Da Stoffwechsel schließlich als Funktion des Lebens unabweisbar in allen Lebensäußerungen aktiv ist – unter Verlust des Lebens bei seinem Versagen –, wären ohne ihn im Umkehrschluss Subjektivität als Sorge um das Sein nicht darstellbar.

Damit aber ist Subjektivität, deren gesamtes Geschehen sich durch Stoffwechsel als dem Kennzeichen alles Lebendigen vollzieht, zweitens unabweisbar in die Evolution eingebunden und in ihren quasi unendlichen Variationen ein Abbild des evolutiven Geschehens. Evolution wiederum lässt sich nur als Entwicklungsgeschichte von Subjektivität und Leben darstellen. Dessen Stoffwechsel indes vollzieht sich drittens an und durch Materie und qualifiziert diese als zur Hervorbringung von organischem Stoff befähigt. Als Materie ist organische Materie schließlich Teil der Weltmaterie, die sich in quasi unendlicher Formenvielfalt darstellt und jeglicher Ausdifferenzierung des Lebens ihren materiellen Anteil beifügt. Weltmaterie endlich ist im Umkehrschluss ihrerseits erst vollständig verstanden, wenn sie in ihrer nahezu unerschöpflichen Vielfalt auch als in Evolution und Stoffwechsel verflochten gesehen wird.

Alle diese Momente qualifizieren Materie in ihrem erweiterten Sinn. Keines von ihnen kann isoliert für sich allein in seiner ganzen Bedeutung erfasst werden, keines ist in diesem Paradigma für sich allein verstehbar – auf den ersten Blick ein kaum zu überblickendes Geflecht von Abhängigkeiten. Doch greifen alle drei Momente – Subjektivität, Evolution und erweiterter Materiebegriff – ineinander und sind nur im Zirkelschluss verständlich zu machen. Sie bilden ein Netz, das realiter nicht ohne Verlust seiner jeweiligen Ganzheit entflochten werden kann. Mit Blick auf dieses Netz spricht Jonas von einem integralen Monismus.[93]

---

[93] Den Problemkreis der Korrelation raumzeitlicher Materie mit der Quantenwelt, der gleichfalls in die Thematik hineingehört, berührt Jonas nur ansatzweise im Zusammenhang der Frage, wie ein *mentaler* Vorsatz (z. B. einen Arm zu bewegen) dann auch wirklich in *körperliche* Bewegung umgesetzt werden, wie also geistige Energie in kinetische Energie transformiert werden kann (dazu: Jonas, Macht oder Ohnmacht der Subjektivität, Frankfurt a. M., 1987; und: Arnold, Das kosmische Datum, 231–239).

Mit dem Fazit: „Es gibt keinen Organismus ohne Teleologie; es gibt keine Teleologie ohne Innerlichkeit",[94] sieht Jonas die Frage, ob die Natur selbst Teleologie in sich enthält und Zwecke aus sich freisetzt, positiv entschieden und zieht eine letztgültige Folgerung. Denn mit der Zuordnung von Teleleogie an die Natur gebe diese für sich „wenigstens *einen* bestimmten Zweck kund, „eben das Leben selbst", das sie aus sich heraus hervorgebracht hat, und zwar als „Selbstzweck, d. h. aktiv sich wollender und verfolgender Zweck".[95] Einschränkend präzisiert er diese Aussage noch dahingehend, dass ‚Leben' nicht *der* Zweck oder ein ‚Hauptzweck' der Natur sei, sondern nur ‚ein Zweck'. Aber indem er schließlich doch seine Vermutung preisgibt, Zweckhaftigkeit könne der Zweck des ganzen Weltunternehmens sein, weist er dem Leben mit dieser Voraussetzung die zentrale Rolle für die Realisierung jener Tendenz der Weltmaterie zu:

> „Wenn aber (nach nicht unvernünftiger Vermutung) das ‚Zwecksein' selber der Grundzweck wäre, gleichsam der Zweck aller Zwecke, dann allerdings wäre das Leben, in welchem Zweck frei wird, eine erlesene Form, *diesem* Zweck zur Erfüllung zu verhelfen."[96]

Während Kant allen Erscheinungen in Welt und Natur sein transzendentales Deutungsmuster überlegen muss, weil sich das ‚Ding an sich' dem Verstehen nicht selbst preisgebe, findet Jonas die Stimme der Natur selbst wieder in dem, was der Mensch als ein Teil ihrer selbst an ihr erkennt und seinerseits in Sprache umsetzt. Bereits in seinem Erkennen ist sich der erkennende Mensch sicher, etwas vom Na-

---

Hans-Peter Dürr weist darauf hin, dass es überhaupt „aus quantenmechanischer Sicht [...] keine zeitlich durchgängig existierende objektivierbare Welt [gibt], sondern diese Welt ereignet sich gewissermaßen in jedem Augenblick neu. Die Welt jetzt ist nicht mit der Welt im vergangenen Augenblick identisch. Aber die Welt im vergangenen Augenblick präjudiziert die Möglichkeiten zukünftiger Welten auf solche Weise, daß es bei einer gewissen vergröberten Betrachtung so erscheint, als ob bestimmte Erscheinungsformen, z. B. Teilchen, ihre Identität in der Zeit bewahren." (Hans-Peter Dürr, Das Netz des Physikers, München 2000, 89). In unserem Zusammenhang muss es jedoch bei diesem Hinweis auf die eigentlich erforderliche Relativierung auch des Jonas'schen Materiebegriffs bleiben.

94 PL, 169; ‚Innerlichkeit' ist für Jonas gleichbedeutend mit Subjektivität (MOS, passim).

95 PV, 142f.

96 PV, 143.

turgeschehen selbst wahrzunehmen, so Jonas. Denn im menschlichen Erklären des eintreffenden Geschehens finde eben lediglich Sprache, was seit Jahrmillionen in der Natur am Werk war und ist. M.a.W.: Weil Menschen selbst Teil des Naturgeschehens sind, sind sie befähigt, die seit Urzeiten sich vollziehende kosmische und vitale Entwicklung als evolutiven Zusammenhang (möglicherweise bruchstückhaft) zu erkennen und in erklärende Sprache zu fassen.[97]

II.5.5 Die Folgerung: Natur und Ethik

Im Epilog zu seinem Werk „Das Prinzip Leben“[98] zieht Jonas die Konsequenz solcher erklärenden Sprache des Kosmos für das menschliche Handeln. Seine einleitende These, so erinnert er, dass die Philosophie des Lebens die Philosophie des Organismus und die Philosophie des Geistes umfasse, müsse nunmehr um einen dritten Satz erweitert werden. Die Philosophie des Geistes schließe zugleich die Ethik ein. Durch die Kontinuität des Geistes mit dem Organismus und die Kontinuität des Organismus wiederum mit der Natur werde indes die Ethik ein Teil der Philosophie der Natur.[99] Ethik ist verantwortetes Handeln, das die ‚stumme Sprache‘ der Natur in lebensnotwendige Tat übersetzt.

Diese Verquickung der Ethik mit der Natur hat enorme Konsequenzen. Denn sie besagt, dass die Natur sich im menschlichen Geist widerspiegele und die Ethik Normen ihres Handelns aus der Natur empfange. Modernes ethisches Handeln versteht sich freilich anders. Spätestens seit der Epoche der Aufklärung hat der Kosmos für menschliches Verständnis jegliche metaphysische Substanz verloren. Deismus etwa erkennt zwar noch eine göttliche Wirkursache als ersten Impulsgeber innerweltlicher Gesetzmäßigkeiten an; jegliches weitere kosmische Geschehen folge jedoch seinen Gesetzmäßigkeiten aus eigener Kraft, vergleichbar einem Uhrwerk. Ihm stehe der Mensch *gegenüber* als Erkennender und als sittlich Handelnder. Folgt er ethischem Handeln, so folge er darin allein dem Anruf seines sittlichen Seins und ausschließlich der Stimme seines eigenen Gewissens. Das Wesen der Dinge bleibe für ihn stumm in sich selbst und empfange Zweckmäßigkeit

97 S. Näheres dazu in Teil IV dieser Darlegung.

98 Jonas, Epilog. Natur und Ethik, PL, 399–403.

99 PL, 401.

und Sinn allein vom urteilenden menschlichen Beobachter. Denn, so kommentiert Jonas diese Begründung ethischen Handelns, „nur der Mensch, so sind wir seit mehreren Jahrhunderten belehrt worden, ist die Quelle aller Forderung oder Pflicht, von der er sich je in Anspruch genommen fühlt". Jegliche Erfüllung solcher Forderung oder Pflicht verdanke sich ausschließlich einem Akt menschlich verantworteter Freiheit:

> „Wir spiegeln das Sein, aber spiegeln hierbei uns selbst in ihm, und indem wir schließlich unser Bild dort als das erkennen, was es ist, finden wir unseren Stolz in unserer kosmischen Einsamkeit. Was auch immer an sittlicher Qualität in das Verhältnis von Selbst und Welt eintreten möge, kann seinen Ursprung nirgends anders als im Selbst haben."[100]

Auch Jonas stellt klar, dass ‚Verpflichtung' nicht ohne die Idee von Verpflichtung sein könne. Und innerhalb der bekannten Welt erscheine die Fähigkeit für diese Idee wie für jede Idee nur im Menschen. Aber daraus folge nicht, dass die Idee ausschließlich eine ‚Erfindung' des Menschen sein müsse und nicht auch eine ‚Entdeckung' an der Struktur der Dinge sein könne. Die Dinge der Natur könnten sehr wohl ihren Sinn in sich selbst tragen und damit „der Grund der Verpflichtung sein, die der Mensch für sich anerkennt".[101] Er wäre dann ‚Vollstrecker einer Pflegschaft', die er allein zu sehen imstande wäre, aber nicht geschaffen hat.[102]

Damit entlarvt Jonas das neuzeitliche Axiom, dass „so etwas wie ein Sollen nur vom menschlichen Ich ausgehen" könne, als Teil eines metaphysischen Standpunkts, der niemals volle Rechenschaft über sich abgelegt habe. Denn eine solche Rechenschaft würde verlangen, die ontologische Frage des menschlichen Seins im gesamtweltlichen Sein neu aufzurollen. Und die Antwort dieser Rechenschaft müsste sein, den Menschen in seiner kosmischen Verwobenheit und seiner evolutiven Zugehörigkeit zur Geschichte alles Lebens zu verstehen und sein Bewusstsein als Reflexion alles dessen zu erkennen, was ihm vorausliegt, ihn trägt, aber seiner Sprachfähigkeit bedarf, um selbst verstanden zu werden. Eine solche Rechenschaft, so Jonas, könne sehr wohl

---

[100] PL, 401.

[101] PL, ebd.

[102] PL, 401f.

> „die Grundlage des Sollens aus dem Ich des Menschen, zu dem es relegiert wurde, in die Natur des ganzen Seins zurückverlegen. Es könnte vorschnelle Verzweiflung gewesen sein, die der Lehre vom Sein die Fähigkeit absprach, einen Grund für Verpflichtung herzugeben – [als Verpflichtung] gerichtet natürlich an Wesen, die für Verpflichtung offen sind und die dasein müssen, damit Verpflichtung ihren Annehmer findet."[103]

Damit hat Jonas eine Brücke geschlagen zu seinem populärsten Werk, dem ‚Prinzip Verantwortung'.

II.6 Teleologie im Prinzip Verantwortung

In seinem erfolgreichsten Buch *Das Prinzip Verantwortung* (1979) zieht Jonas praktische Konsequenzen aus seinen Folgerungen zum Prinzip Leben. Zum einen: Ver*antwor*tung ist die bewusste *Antwort* auf wahrgenommene *Bedürftigkeit* und voraus erschaute Notlage. Sie erhebt sich aus der Erfahrung des Lebens. Bereits damit geht es ihm bei der Frage nach der Bedeutung von Verantwortung nicht um die Bestimmung eines Begriffs, sondern um gelebte Verantwortung – konkret in letzter Konsequenz um die Wahrung der Weiterwohnlichkeit der Welt.[104]

Diese Verantwortung weist Jonas dem *Menschen* zu, weil eben in ihm allein Sprache und Verstehen gefunden habe, was sich in der Geschichte des organischen Lebens, dem der Mensch zugehört, seit Jahrmillionen sein Dasein erkämpft und behauptet hat. Im Menschen spricht sich aus, was von Anfang an Grundbedürfnis alles Lebens ist: sein Dasein zu erhalten in Freiheit gegenüber dem materiell indifferenten Stoff. Insofern es zugleich der Mensch ist, der in einmaliger Weise durch seine Technik und Zivilisation das vitale Gleichgewicht der Natur in höchste Gefahr gebracht hat, sieht Jonas ihn nun auch mit der Aufgabe betraut, im Gebrauch seiner denkerischen und handlungsbegabten Fähigkeiten menschenwürdiges Leben auf Erden für die Zukunft zu erhalten und zu bewahren – als Sprecher für das Ganze des Lebens. Unter dieser Prämisse formuliert er Kants Kategorischen Imperativ um. Entscheidend ist nun nicht mehr (wie für Kant) „dass die Maxime

---

[103] PL, 402.

[104] So Jonas in seiner Rede zur Verleihung des Friedenspreises des Deutschen Buchhandels 1987 in Frankfurt a. M.

deines Willens als Prinzip einer künftigen Gesetzgebung gelten könne", sondern „dass die Wirkungen deiner Handlung verträglich sind mit der Permanenz echten menschlichen Lebens auf Erden"[105]. M.a.W.: Nicht das Prinzip einer Gesetzgebung ist Jonas' Anliegen, sondern dass auch in Zukunft eine Menschheit auf Erden sei, die menschenwürdig zu leben imstande sein muss.

Eine Zukunftsethik für die Menschheit ist zugleich ein Novum gegenüber allen Ethiken früherer Jahrhunderte, deren wirtschaftliches Verhalten das ökologische Gleichgewicht auf der Erde de facto noch nicht tangierte. So betrafen Ethik und Moral stets nur den Einzelnen. Mit dem Beginn der Neuzeit setzte jedoch eine Entwicklung ein, deren Erfindungen und naturwissenschaftliche Entdeckungen Industrialisierung und Technisierung zunehmend in einem Umfang hervorbrachten, der für die Fähigkeit der Erde, menschliches Leben zu (er)tragen, zur ernsthaften Gefahr wurde. Darum geht es Jonas jetzt nicht mehr um eine Individualethik, sondern um eine Ethik, welche nur von der Menschheit insgesamt bewältigt werden kann und deren Ziel die Weiterwohnlichkeit der Erde selbst ist.[106]

Dafür bedarf es zunächst des Erhalts des Ganzen der Welt als der Grundlage alles leiblichen Lebens. Doch versteht Jonas dies lediglich als Postulat einer vorausliegenden Notstandsethik. Sie muss die Basis bereit stellen für ein menschenwürdiges Leben, das befähigt und willens ist, ausgestattet mit gesicherter Grundversorgung, in Freiheit die Verantwortung für eine zukünftige Menschheit zu übernehmen. Sie müsse dann ihrerseits befähigt und willens sein, ein selbstverantwortetes Leben zu führen. Denn erst mit diesen Prädikaten sei es menschenwürdiges Leben. Zweifellos ein fragiles Postulat, für das es keinen Rechtsanspruch gebe. Jonas erschließt dies lediglich als ‚ontologisches Gebot' aus dem ‚nackten ontischen Faktum, dass es (verantwortungsfähige) Menschen auf Erden überhaupt gibt' und das Leben damit sage, dass es so sein solle.

Doch schon das Ja zum eigenen Sein des Menschen, das im allgemeinen vorausgesetzt werden darf, bedeute noch keineswegs das Ja zum Sein nachfolgender Generationen, und dies sogar unter der Prämisse eines Lebens in Menschenwür-

---

105 PV, 36.

106 Dietrich Böhler gelangt aus diskurspragmatischer Sicht zu der gleichen Schlussfolgerung: Alle denk- und handlungsfähigen Menschen profitieren heutzutage von der technischen Zivilisation, haben darum auch Anteil an der technisch-zivilisatorischen Gefahrenverursachung und folglich Mitverantwortung an dieser „Kausalhandlungsverantwortung". (Böhler, Verbindlichkeit, 412).

de. Es wäre, so Jonas, vielmehr kein logischer Selbstwiderspruch, dass „das Glück gegenwärtiger und nächstfolgender Generationen mit dem Unglück oder gar der Nichtexistenz späterer Generationen erkauft" werde, wir Gegenwärtigen also nach dem Motto ‚Nach uns die Sintflut' (in unverantwortlicher Weise) die Ressourcen der Erde verbrauchten.[107] Ebenso wäre es vice versa logisch nicht selbstwidersprüchlich, „die Existenz und das Glück späterer Generationen mit dem Unglück und teilweise sogar mit der Vertilgung gegenwärtiger" zu erkaufen.[108] Die Fortsetzung einer Menschheit auf der Erde sei daher ein vorausliegendes *Gebot* und letztlich wohl nur metaphysisch zu begründen. Daher verwahrt Jonas das Gebot in einer ‚*Idee* der Menschheit', die es zu erhalten gelte. Erneut meint er mit der Idee der Menschheit nicht deren Hypostasierung im Begriff. Vielmehr sucht er mit dem Rückgriff auf eine Idee für die Menschheit jene höhere Ebene zu finden, auf der sie aller menschlichen Manipulation entzogen sei und nicht zur Disposition stehe. M.a.W.: Mithilfe der ‚Idee der Menschheit' möchte er das ‚Verbot eines Vabanque-Spiels mit der Menschheit' begründen, einer Lebenseinstellung, die *jetzt* alles für sich einfordert, was sich als scheinbare Vermehrung von Lebensqualität anzubieten scheint, unter Ausblendung einer Verantwortung für nachfolgende Generationen. Mit solchem ‚Spiel auf den gesamten Einsatz unter dem Risiko auch des kompletten Verlustes desselben' zielt Jonas auf die mögliche Blindheit gegenwärtiger Generationen, durch ihren Lebensstil Grundlagen jeglicher, auch geistiger Art ohne Rücksichtnahme auf künftige Generationen zu verbrauchen.[109]

---

107 Jonas' Blickwinkel auf zukünftige Gefahren durch den rücksichtslosen Verbrauch irdischer Ressourcen hat sich inzwischen verschoben auf die Gefahren durch den Klimawandel. Seine Argumentation lässt sich jedoch problemlos auf die neue Gefahrensituation übertragen. Die verheerende Flutkatastrophe in Teilen Westdeutschlands im Sommer 2021 darf als beredtes Beispiel dafür gesehen werden. In einem Aufsehen erregenden Urteil hat das Bundesverfassungsgericht am 29. April 2021 zudem bestimmt, dass die Freiheit künftiger Generationen beeinträchtigt wäre, wenn nicht noch vor 2030 staatlicherseits verbindliche Regelungen zur nachhaltigen Reduzierung der Klimabelastung auch jenseits dieses Datums getroffen werden.

108 PV, 35. Mit dem zweiten Zitat spielt Jonas auf seine Auseinandersetzung mit Ernst Bloch an, auf die hier nicht näher eingegangen werden kann (PV, 316–389). Semantisch stellt Jonas sein ‚Prinzip Verantwortung' explizit Blochs ‚Prinzip Hoffnung' entgegen (PV, 390).

109 PV, 81f.

Denn Lebensgrundlagen jeglicher Art beinhalten für Jonas auch Ressourcen nicht-materieller Art, die es zu erhalten gelte: die Verantwortungsfähigkeit, die Freiheit dazu und die Ermöglichung und den Willen, die Pflicht zur Verantwortung zu übernehmen können. Auch mentale, geistige und geistliche Ressourcen zählen für ihn zu den unabdingbaren Grundlagen des Lebens. Dies alles fasst er zusammen in dem Gebot, Menschen auch in Zukunft ihre Würde zu bewahren – etwa gegenüber ihrer Entwürdigung durch die ‚Alchemie' technologischer Zwangsläufigkeiten, denen ausgesetzt heutige Menschen in der Gefahr stehen, ihre Verantwortungs*fähigkeit* in unreflektierter Ergebenheit an die selbstverständliche Realisierung neuer technologischer Möglichkeiten oder in blindem Vertrauen auf scheinbar stets neue technische Lösungen für anstehende Probleme aufzugeben. Denn damit würden sie ihre Freiheit verlieren, die nicht zuletzt gerade in der Entscheidungsfähigkeit über den Einsatz von Technologie bestehen muss. Erst die Fähigkeit, sich in Freiheit die Pflicht auf Erhalt der Menschenwürde fernerhin und in aller Weite zusprechen und übernehmen zu können, setzt Jonas gleich mit dem Erhalt der menschlichen Würde. Und erst damit sieht er die Weiterwohnlichkeit der Welt gewahrt. Dies für die Zukunft zu ermöglichen sei unsere ‚Grundpflicht', von der sich unsere weiteren Pflichten gegenüber künftigen Menschen (u. a. ihr Recht auf Glück) erst ableiten. Diese Reihenfolge umzukehren, also das Recht eines Menschen auf Glück jener Freiheit voranzustellen, sich die Pflicht der Befähigung zur Pflicht überhaupt zusprechen zu können, wäre, so Jonas, „das eigentliche Verbrechen an der menschlichen Zukunft, dem alle Vereitelung ihres Wollens […] erst an zweiter Stelle folgen".[110]

Jonas weiß natürlich um die fragile Chance, dies im realen Leben umsetzen zu können. Anders als in seiner philosophischen Biologie, der zufolge sich im Stoffwechselprozess Freiheit und die übrigen Momente der Subjektivität unausweichlich vollziehen, kann die Zukunft menschenwürdigen Lebens gerade jetzt, da sie der *Freiheit* des Menschen *anvertraut* ist, durch den menschen- und naturfeindlichen Gebrauch dieser Freiheit durch Menschen auch scheitern. Denn anders als für die philosophische Biologie lassen sich ethische Gebote nach allgemeiner Mei-

110 PV, 89. Die amerikanische Unabhängigkeitserklärung enthält das Recht auf Glück als menschliches Grundrecht. Dass Jonas als US-Bürger die Wahrnehmung dieses Grundrechts als ‚Verbrechen' bezeichnet, sofern es der Pflicht auf Wahrung der Menschenwürde vorangestellt werde, zeigt die Sprengkraft seiner Argumentation.

nung nicht eo ipso unausweichlich aus dem normalen Lebensvollzug verbindlich erheben. Menschen können sich ihnen schlicht verweigern.

Jonas versucht es gleichwohl. Zum einen stellt er heraus, dass jedenfalls das Leben selbst als solches ontologisch gesetzt ist. Es sei aus den stummen Wirbeln kosmischen Seins zieldisponiert hervorgegangen und bezeuge damit, dass es sein soll. Darin erweise sich zugleich sein ontologischer Wert, einfach weil Leben stets mit dem Vollzug seines Daseins zeige, dass es sein wolle, und somit (gemäß Jonas' Argumentation), dass es wert sei, zu sein. Diesen Wert begründet er metaphysisch zusammen mit dem Sein des Kosmos und aller seiner Äußerungen unter Verweis auf dessen Schöpfer, der die Welt für wert erachtete, dass sie sei, und sie deswegen erschuf.[111] Und schließlich sei allein schon die Fähigkeit, einen Wert zu haben, bereits ein Wert. Seien aber Kosmos und Leben es wert, zu sein, so seien sie damit auch gut. Als gut und wert indes drängen sie auf Existenz und Weiterexistenz – pflanzliches und tierisches Leben sucht sich (trotz Artensterbens) permanent und oft unerwartet seinen Lebensraum. Mit seinem Drängen auf Existenz bekunde das Leben indes ein ihm innewohnendes Sein*sollen* und erhebe damit Anspruch auf Sein. Teleologie also auch als kosmischer Grund einer Ethik.

Gleichwohl weiß Jonas, dass mit solcher Argumentation kein unwiderruflicher Auftrag zum Erhalt der Weiterwohnlichkeit der Erde begründet werden kann. Er selbst sucht daher weiter nach ontologischen Strukturen, die als gegebene eine Verantwortung für die Weiterwohnlichkeit der Erde unabweisbar machen würden. Als erstes beruft er sich dafür auf die Grundtatsache alles höher entwickelten Lebens, instinktiv für die Aufzucht seines Nachwuchses zu sorgen. Entsprechend übernehmen Eltern am Anfang eines jeden Menschenlebens Verantwortung für ihr Kind. Dessen „Heischen" nach Leben, das leben will, weckt elterliche Fürsorge. Bedürftige Subjektivität begegnet mitfühlender Subjektivität, die im Schrei des Kindes nach Pflege und Liebe sich selbst aufgerufen wiedererkennt. Für Jonas ist dabei entscheidend, dass es sich zunächst um eine einseitige, nicht reziproke und nicht diskursive Verantwortung handelt – sie entzieht sich jeglichem Diskurs, denn das Kind verlangt einfach Pflege und Zuwendung durch sein bedürftiges Dasein

[111] Es sei die ‚bestürzende Ansicht' des Duns Scotus (um 1266–1308, prominenter Nominalist in Cambridge, Oxford, Paris und Köln) gewesen, der die logische Begründungsfolge umgekehrt habe: Die Welt sei allein deshalb gut, weil Gott sie *wollte* – also nicht an sich selbst wert ist, zu sein. (PV, 98).

und hat ja noch gar keine Möglichkeit, seinerseits verantwortlich zu reagieren. Eltern folgen einfach dem Ruf der Bedürftigkeit, der ihnen aus ihrem geliebten Kind entgegenschlägt. Und niemand lebt auf der Welt, der nicht an seinem Lebensanfang durch elterliche (oder vergleichbare) liebende Verantwortung ins Leben geleitet worden wäre. In allgemeiner Form gesagt: Bedürftige Subjektivität begegnet darin anderer, mit Macht zur Verantwortung versehener Subjektivität und fordert deren sittlichen Willen heraus, so Jonas. Erinnern mag man sich an das „Donnerwort" vom guten Willen als dem für Kant allein Guten in der Welt, wie Jonas den Beginn von Kants „Grundlegung zur Metaphysik der Sitten verinnerlicht hat (s. o. II.2.). Doch der Ruf an den sittlichen Willen ergeht für Jonas vom Leben aus und nicht von einem ewigen Sittengesetz. Denn erst wenn sittlicher Wille sich von dem ergehenden Ruf affizieren, das heißt in seinem Verantwortungs*gefühl* ansprechen und schließlich zu verantwortlichem Tun motivieren lässt, ist der Weg vom Sollen über das Wollen zum Akt abgeschritten:

> Das ‚Wofür' meiner Wahrnehmung von Verantwortung liege zwar „außer mir, aber im Wirkungsbereich meiner Macht, auf sie angewiesen oder von ihr bedroht. Ihr setzt es [das Wofür] entgegen sein Recht auf Dasein aus dem, was es ist oder sein kann, und nimmt durch den sittlichen Willen die Macht in ihre Pflicht. *Die Sache wird meine, weil die Macht meine ist* und einen ursächlichen Bezug zu eben dieser Sache hat. Das Abhängige in seinem Eigenrecht wird zum Gebietenden, das Mächtige in seiner Ursächlichkeit zum Verpflichteten."[112]

In Erweiterung dieser vom Leben vorgegebenen Struktur von Verantwortung verweist Jonas zweitens auf spätere, dem Leben inhärente strukturelle Beziehungen in einer Gesellschaft, in denen jeder Mensch in irgendeiner Weise lebt und in Beziehungen verwoben ist, in denen er Verantwortung erfährt oder selbst Verantwortung übernimmt, unabweisbar und einfach aus dem Mangel oder der Bedürftigkeit einer Konstellation des Lebens und seinem „Heischen" nach Sein. Jonas sieht darin ganz allgemein Verantwortungs*fähigkeit* begründet, die er als ontologisch gegeben jedem Menschen zuspricht, so wie jeder von Natur aus die Befähigung der Sprache habe:

[112] ND, 39.

> „Für irgendwen irgendwann irgendwelche Verantwortung de facto zu haben (nicht darum auch sie zu erfüllen, selbst nur zu fühlen) gehört so untrennbar zum Sein des Menschen, wie daß er der Verantwortung generell fähig ist – so untrennbar in der Tat, wie daß er ein sprechendes Wesen ist, [...]. In diesem Sinne ist ein Sollen ganz konkret im Sein des existierenden Menschen enthalten. [...] Damit ist er noch nicht moralisch, aber ein moralisches Wesen, das heißt ein solches, das moralisch oder unmoralisch sein kann."[113]

Dafür dass es tatsächlich auch zur Wahrnehmung der Verantwortung kommt, bedürfe es freilich noch des Mitgefühls: „In dem Gefühl findet das Verbindliche seine Verbindung zum subjektiven Willen".[114] Im ‚Verbindlichen' aber sieht Jonas drittens neben dem affizierten Gefühl den Ruf der Pflicht – Pflicht nicht als Prinzip im Sinne Kants, sondern dem Leben abgehört als Antwort auf den Ruf aus dessen Bedürftigkeit:

> „Die Parteinahme des Gefühls aber hat ihren ersten Ursprung nicht in der Idee der Verantwortung überhaupt, sondern in der erkannten selbsteigenen Güte der Sache, wie sie das Empfinden affiziert und die bloße Selbstsucht der Macht beschämt. Das Erste ist das Seinsollen des Objekts, das Zweite das Tunsollen des zur Sachwaltung berufenen Subjekts. Das Heischen der Sache einerseits, in der Unverbürgtheit ihrer Existenz, und das Gewissen der Macht andererseits, in der Schuldigkeit ihrer Kausalität, vereinigen sich im bejahenden Verantwortungsgefühl des aktiven, immer schon in das Sein der Dinge übergreifenden Selbst."[115]

Mit all dem wendet Jonas sich gegen die ‚verbreitete Lehre aller modernen Logik und Philosophie, aus einem Ist folge kein Sollen': „Nun, es kommt auf das Ist an. Man muß es sehen und man muß es hören. Was wir sehen, umschließt das Zeugnis des Lebens und des Geistes – Zeugen wider die Lehre von einer wert- und zielfremden Natur."[116]

---

[113] PV, 185.

[114] ND, 39.

[115] PV, 175.

[116] MGS, 58.

Und schließlich sei es viertens „nicht mehr als kluge Vorsicht, gepaart mit schlichtem Anstand gegen unsere Nachkommen“ dem „galoppierende Vorwärts [des vermeintlichen Fortschritts] die Zügel anzulegen [...]. Insofern anderenfalls und wenig später die Natur es auf ihre schreckliche härtere Weise tun würde.“[117] Mit Blick auf Letzteres beschwört Jonas daher in eindrucksvoller Dramatik eine ‚Heuristik der Furcht‘ vor den bedrohlichen Folgen, die aus nicht wahrgenommener Verantwortung für die Zukunft bereits über uns jetzt Lebende kommen können. Heuristik der Furcht in Erinnerung an die bereits erlebte zerstörerische Seite des Lebens soll zu vernünftigem Einsatz für dessen Erhalt führen:

> „So wie wir nicht um die Heiligkeit des Lebens wüßten, wenn es nicht das Töten gäbe, und das Gebot ‚Du sollst nicht töten‘ diese Heiligkeit ans Licht brächte; und nicht um den Wert der Wahrhaftigkeit, wenn es nicht die Lüge gäbe, nicht um die Freiheit, wenn nicht Unfreiheit [...]. Über das Schlimme sind wir nicht unsicher, wenn wir es erfahren; über das Gute gewinnen wir Sicherheit meist erst auf dem Umweg über jenes. Es ist zu bezweifeln, ob je einer das Lob der Gesundheit gesungen hätte ohne wenigstens den Anblick der Krankheit, das der Redlichkeit ohne den der Schurkerei, und das des Friedens, ohne vom Elend des Krieges zu wissen. [...] Darum muß die Moralphilosophie unser Fürchten vor unserem Wünschen konsultieren, um zu ermitteln, was wir wirklich schätzen“ (PV, 63f.). In einer Anmerkung bemängelt Jonas, dass die Moralphilosophie diesen Aspekt zu wenig beachtet habe. In der Suche nach dem Begriff des Guten habe sie dazu geneigt, „unser Wünschen zu konsultieren (unter der sokratischen Voraussetzung, daß das am meisten Gewünschte eben das Beste sein muß), während doch unser Fürchten ein besserer Wegweiser wäre. Der ‚Eros‘ bei Platon, der *appetitus* bei Augustin, welcher von Natur auf ein *bonum* geht, sind Beispiele für den Appell an das Wünschen. [...] Aber wie lerne ich das Wünschen kennen? [...] [W]enn ich um meines Kindes Gesundheit *fürchten* muß, weil plötzlich ein Grund dafür besteht, dann weiß ich's“.[118]

---

[117] PV, 388.

[118] PV, 395, Anm. 1 des Kapitels 2.

Aus der Tatsache allgemeiner Verantwortungsfähigkeit und einer vielfach vorgegebenen und unausweichlich wahrgenommenen Bedürftigkeit im erfahrbaren Lebensbereich beschwört Jonas schließlich die Verantwortung der jetzt Lebenden für die Weiterwohnlichkeit der Erde auch in der Zukunft. Verantwortung für die Zukunft sei möglich, weil Menschen verantwortungsfähig sind und den Ruf in die Verantwortung wahrnehmen können, wenn sie ihn denn hören und ‚sehen' wollen. Aus gegebener ‚Nahverantwortung' weitet Jonas den Blick für die erforderliche ‚Fernverantwortung'.[119]

Doch wie bereits erwähnt: Jonas weiß um die Fragilität dieser Argumentationskette. Ihr Gelingen kann scheitern, gerade weil das Ganze der menschlichen Freiheit ausgesetzt ist. Für Jonas ist sie primär, wie oben bereits dargelegt, nicht die Freiheit, tun zu dürfen, was man tun möchte, sondern die vollmächtige Freiheit, entscheiden und Verantwortung übernehmen zu können. Die Freiheit indes, so unabdingbar und unaufgebbar sie zur Menschenwürde auch zukünftig gehört, sei zugleich das Risiko für die Weiterwohnlichkeit der Erde, eben weil Menschen im Missverständnis einer nur autonom verstanden, allein auf das eigene Selbst bezogenen Freiheit sich dem Ruf in die Verantwortung versagen zu können. Solches Sich-Versagen könnte jedoch das Ende menschenwürdigen Lebens auf Erden bedeuten, so Jonas. Denn

> „Zulänglichkeit der Menschennatur [zur Verantwortung], die als Voraussetzung aller Ermächtigung zu schöpferischer Schicksalslenkung zu postulieren und nichts anderes ist als die Zulänglichkeit für Wahrheit, Werturteil und Freiheit, ist [...] ein Ungeheures im Fluß des Werdens, aus dem es emportauchte und den es mit seinem Wesen übersteigt, von dem es aber auch wieder verschlungen werden kann."[120]

Verweigerte Verantwortung kann also zur finalen Katastrophe für die Menschheit führen. Und Jonas befürchtet, dass dieser Prozess bereits im Gange sein könnte, wenn er feststellt: „Erst wurde durch dieses [überlegene technologische] Wissen die *Natur* in Hinsicht auf Wert neutralisiert, dann auch der Mensch. Nun zittern wir in der Nacktheit eines Nihilismus, in der größte Macht sich mit größter Leere

[119] Sebastian Poliwoda, Versorgung von Sein, 2005, 214.

[120] PV, 73f.

paart, größtes Können mit geringstem Wissen davon, wozu." Darum fährt er fort mit der besorgten Frage, „ob wir ohne die Wiederherstellung der Kategorie des Heiligen, die am gründlichsten durch die wissenschaftliche Aufklärung zerstört wurde, eine Ethik haben können, die die extremen Kräfte zügeln kann, die wir heute besitzen und dauernd hinzuerwerben und auszuüben beinahe gezwungen sind."[121] Noch in seinen Erinnerungen äußert er die Vermutung, dass „die Kantische Moral doch irgendwie vom biblischen Geist abgeleitet" sei, und es bestehe „keinerlei Zweifel, daß der kategorische Imperativ und das Wort vom Sinai auf irgendeine Weise zusammenhängen."[122]

Um das Recht auf den Ruf in die Verantwortung für die Weiterwohnlichkeit der Welt und der Sicherung von Leben in wahrer Menschlichkeit auch in Zukunft zu untermauern, gründet Jonas seine Ethik darum unter Rückgriff auf seine jüdischen Wurzeln schließlich im biblischen Schöpfungsbericht. Es gehe um die ‚Hütung des Ebenbildes'.[123] Mit diesem Symbol setzt er den Schlusspunkt seiner Abhandlung über das Prinzip Verantwortung. So wie er den Fortbestand einer Menschheit schließlich im Schutzmantel einer ‚Idee der Menschheit' bewahrt sehen möchte, versucht er letztlich, auch den zur Verantwortung für die Weiterwohnlichkeit der Erde bereiten Menschen im Schutzmantel der Hütung des Ebenbildes und der Kategorie des Heiligen zu finden. In seiner letzten Rede, die er kurz vor seinem Tod (5. Februar 1993) am 30. Januar 1993 in Udine/Italien hält, dem Ort, an dem er als Soldat in britischer Uniform das Ende des Zweiten Weltkriegs erlebte, brandmarkt Jonas die Rassenideologie des Nationalsozialismus als „Erfahrung [...], die mehr als jede andere zuvor den Titel des Menschen als ‚*Ebenbild Gottes*' in Frage stellt".[124] Es bedarf laut Jonas offenbar dieser (für ihn) metaphysischen Versicherung, damit Teleologie sich als gesellschaftliche Verantwortung dauerhaft begründen lasse.

Wie ist dieser Schritt in die metaphysische (oder theologische?) Begründung von Jonas' Philosophie zu beurteilen? Als Philosoph hat Jonas stets auf einem ‚Atheismus der Methode' bestanden und sich damit gegen jeden Verdacht verwahrt, seine Philosophie aus einer Neigung zur Metaphysik zu betreiben. Er verstand sie

121 PV, 57.

122 E, 69.

123 PV, 392, unter Berufung auf Genesis 1,27.

124 Jonas, Fatalismus wäre Todsünde, 145.

vielmehr stets als Vernunftphilosophie. Schon weil er sich bewusst war, dass er das Prinzip Verantwortung nicht mehr in einer Selbstevidenz und Relevanz des Religiösen verankern konnte, weil das Religiöse dafür nicht mehr als allgemein akzeptiert tragfähig sei, musste er die Verantwortung für die Weiterwohnlichkeit der Erde unter ein säkulares Prinzip stellen, für das er auf ein allgemeines Grundverständnis hoffen konnte. Christian Wiese weist aber darauf hin, dass sich als geheimes, in allen Phasen untergründig wirksames Motiv in Jonas' vielseitigem Werk „ein unablässiges denkerisches Bemühen um die Frage nach dem Wesen menschlichen und natürlichen Daseins in der Welt als ‚*Schöpfung*' und als Gegenstand menschlicher Verantwortung [verberge], wie sie die Heiligkeit des Lebens gebietet, gleichgültig ob man sie im religiösen oder in einem säkularen Sinne versteht".[125] Jonas' Anliegen sei daher, mit der Berufung auf das Ebenbild ein Fundament gegen die „Versuchung des Nihilismus" zu bieten, gegen die Auffassung nämlich,

> „daß der Mensch, dies Wesen mit einer Laufbahn so zweifelhafter Bilanz, die jetzt gar alles Übrige gefährdet, der Erhaltung gar nicht wert ist, die übrige Natur aber, die schon bisher ihre Fülle wahl- und wertblind hervorgebracht und dabei immer wieder große Teile davon auf der Strecke gelassen hat, um neuen Formen Platz zu machen, auch den Menschen überleben wird samt den von ihm angerichteten Verwüstungen und zu ihrer Zeit (wovon sie eine Menge hat) die Lücken ebenso blind unbekümmert wieder mit neuen Wesen ausfüllen wird".[126]

Unter Aufnahme von Gedanken, zu denen er in seiner Auseinandersetzung mit der Gnosis gefunden hat, sieht er als realen Hintergrund solcher Versuchung des Nihilismus ein pseudowissenschaftliches Menschenbild. Es verdanke sich der Entzauberung der Welt durch die moderne Naturwissenschaft, die „keinen Raum mehr für die Ehrfurcht vor dem kosmischen Mysterium lasse". Mit ihr sei ein „metaphysisches Vakuum entstanden, dem die moderne philosophische Ethik nichts entgegenzusetzen habe."[127] Der Mensch im Umfeld einer industrialisierten Zivili-

---

[125] Christian Wiese, ‚Weltabenteuer Gottes' und ‚Heiligkeit des Lebens', 204.

[126] Jonas in einem unveröffentlichten Vortrag; zitiert nach Wiese, Weltabenteuer, 206.

[127] Wiese, Weltabenteuer, 208.

sation lebe im Zwiespalt zwischen der maßlosen Macht seiner Handlungsmöglichkeiten und einer fundamentalen ethischen Orientierungslosigkeit. Jonas spricht von der Schutzlosigkeit der Existenz in einem moralisch indifferenten Kosmos, rettungslos ausgeliefert „gleichsam einer radikalisierten Form gnostisch nihilistischer Weltverzweiflung".[128] Der gnostische Mensch der Antike, der sich in eine fremde, verlorene Welt versetzt sah, erhielt freilich Kunde von einer anderen Welt, die ihm wieder zur Heimat werden solle. Der Mensch der Gegenwart hingegen, der über eine technische Macht verfüge, welche Ehrfurcht und Scheu vernichte und „dem Menschen das Empfinden gebe, als Schöpfer und ‚Macher neuer Welten' in Gottes Fußstapfen getreten zu sein", wirkt perspektivlos dieser Welt verfallen und in ihr gefangen. Jonas sieht es daher als die wichtigste philosophische Herausforderung der Gegenwart an, sich gegen die rein naturwissenschaftliche Welterklärung auf das metaphysische Konzept zu besinnen, das gegenüber der bloßen Vernunfterklärung unwiderlegbar den unvollkommenen, sterblichen Mensch ‚im Bilde Gottes' geschaffen sehe und dem „die Natur nicht einfach Objekt seines Wissens sei, sondern ihrerseits Ehrfurcht gebiete".[129] Denn die Welt sei es wert zu sein, so Jonas. Und erinnert sei noch einmal an seine These, dass die Welt nicht gut sei, weil ein Schöpfer sie erschuf, sondern dass umgekehrt selbst ein Schöpfer, wenn er denn anzunehmen sei, die Welt erschuf, weil sie es wert sei, zu sein.

---

[128] Wiese, Weltabenteuer, 208. Vgl. Jean Pauls Traum von der „Rede des toten Christus vom Weltgebäude herab, daß kein Gott sei".

[129] Wiese, Weltabenteuer, 208f.

III Teleologie in Jonas' Gottesbegriff

Die Berufung auf die biblische Sicht des zur Verantwortung gerufenen Menschen als Ebenbild Gottes stellt schließlich die grundsätzliche Frage nach Jonas' Gottesbegriff. Die Antwort ist spannend und komplex. Er kann sie nicht beantworten, ohne seinen eigenen biografischen Lebenshintergrund einzubeziehen. Dazu gehört vornehmlich auch sein eigenes Schicksal als Jude in der Zeit des Nationalsozialismus und im besonderen die Ermordung seiner Mutter in Auschwitz. Die Frage nach der Wirklichkeit Gottes durchzieht untergründig letztlich sein gesamtes philosophisches Schaffen.

III.1 Entmythologisierung und der Mythos von Gott

In seinen frühen Arbeiten über die Gnosis[130] hatte Jonas den eigentlichen Sinn von Mythen und Dogmen entschlüsselt, indem er versuchte, „das darin gemeinte Menschliche und [...] Existentielle, das, was das menschliche Dasein betrifft", sozusagen ihren subjektiven Gehalt zu entschlüsseln. Dafür, so seine spätere Erläuterung, „entwickelte ich den Begriff der Entmythologisierung: Daß man [...] dem eigentlichen Sinn des [Mythos und des] Dogmas beikommen kann, indem man es entmythologisiert, d. h. indem man [...] die objektive Fassade [...] abbaut auf einen Innengehalt dahinter und den freilegt".[131] Ist Religion für Jonas also lediglich ein Schutzmantel für die tiefsten Geheimnisse im existentialen Kern der menschlichen Seele, die anders nicht vor dem kalten Zugriff des Profanen geschützt werden könnten? Das Ebenbild als Projektion einer seelischen Disposition? In einem anderen Zusammenhang stellt Jonas indes klar, dass es ihm bei der Entmythologisierung nicht um eine Entlarvung Gottes als eines vermeintlichen Konstrukts menschlicher Selbsttranszendierung gehe. Gott selbst will er vor derlei humaner

[130] S. o. I.2.u.3; und: Jonas, Gnosis und spätantiker Geist, Bd. I und II.

[131] Jonas, Erkenntnis und Verantwortung, 50.

Projektion und Reduktion gerade bewahrt wissen. Entmythologisierung sei vielmehr lediglich sachgemäß

> „ja, eben wo und soweit es sich um den Menschen handelt; nein, wo es sich um Gott oder das Göttliche handelt". Dort sei die „Adäquatheit nicht einmal mögliches Ziel; das Verständnis Gottes [kann] nicht eine Funktion des Selbstverständnisses des Menschen werden. [...] Wo dem Glauben gemäß das Göttliche selbst in die Offenheit der inneren Dynamik eintritt [...], da hört die Phänomenologie auf, das Wort zu haben, und mit ihr die verifizierten Begriffe existenzialen Wissens, und damit auch: Entmythologisierung. [...] Das letzte Geheimnis könnte wohl besser in den Symbolen des Mythos als in den Begriffen des Denkens geschützt sein."[132]

Jonas folgte dem auf seine Weise. Die ihm noch mögliche Vorstellung von Gott sucht er demgemäß in Gestalt eines selbsterdachten Mythos auszudrücken, der verankert in seiner Philosophie des Lebens und zugleich vor dem Hintergrund seiner eigenen Biografie zu lesen ist. Dazu gehörte seine philosophische Bildung als lebenslange Prägung seiner Persönlichkeit. Dazu gehörte elementar auch die Nachricht, die er als britischer Soldat nach dem Ende des Zweiten Weltkriegs in seiner Heimatstadt Mönchen-Gladbach erfuhr, nachdem infolge des Krieges keinerlei postalische Kommunikation über die feindlichen Linien hinweg möglich gewesen war, die von der Ermordung seiner Mutter in Auschwitz – eine seelische Wunde, die sich für ihn niemals wieder geschlossen hat. Als ihm 1984 in Tübingen der Leopold-Lucas-Preis[133] verliehen werden sollte, wählte er als Thema seines Vortrags nicht, wie eigentlich erwartet, eine philosophische Thematik, sondern eine biografisch-existentielle: „Der Gottesbegriff nach Auschwitz. Eine jüdische Stimme". Mit der Wahl dieser Thematik für diesen akademischen Anlass stellte er den inhaltlichen Bezug zum Schicksal des ermordeten Rabbiners Leopold Lucas

[132] Jonas, Heidegger und die Theologie, 641.

[133] Leopold Lucas, ein Rabbiner, 1872 in Marburg geboren, 1940 als Lehrer an die Berliner Hochschule für die Wissenschaft des Judentums berufen, an der in den 1920er Jahren auch Jonas zeitweilig studiert hatte, wurde 1943 in Theresienstadt ermordet. Auf Initiative seines Sohnes Franz D. Lucas wird der Preis seit 1972 für hervorragende geisteswissenschaftliche Leistungen, Völkerverständigung und Toleranz verliehen. (Nielsen-Sikora, Hans Jonas, 168).

und mit ihm zur Shoa her, der ebenfalls seine Mutter zum Opfer gefallen war. Ihr widmete er auch den bald darauf veröffentlichten Vortrag. Die thematische Entscheidung bestätigt, dass Jonas' gesamte Philosophie des Lebens im Kern nicht ohne Bezug auf sein eigenes Leben wirklich zu verstehen ist. Im konkreten Fall löste er seine Aufgabe damit, dass er sich eines Gedankens besann, den er vor über zwanzig Jahren bereits einmal als Hintergrund eines Vortrags gewählt hatte[134].

III.2 Die Ingersoll-Lecture

Im Jahr 1961 sollte Jonas an der School of Divinity der Harvard University die alljährliche Ingersoll Lecture halten, in der einmal jährlich jemand – unter historischem, theologischem oder philosophischem Aspekt – über das Thema ‚Unsterblichkeit' reden sollte. Ein ehrenvoller Auftrag, der vor ihm schon Paul Tillich, Alfred North Whitehead und vielen anderen berühmten Persönlichkeiten der Geisteswissenschaften zuteil geworden war. Und zugleich eine Frage, die auch damals schon seine intellektuelle Redlichkeit herausforderte, da sie sich für ihn – wie immer auch – nicht ohne einen Gottesbezug beantworten ließ. Über Unsterblichkeit aber konnte er zugleich nicht sprechen, ohne seiner Mutter und der Millionen Männer, Frauen und Kinder zu gedenken, die aller ihrer Würde entkleidet auf grauenhafte Weise Opfer des Holocaust geworden waren. Unsterblich? Nicht einmal reale Spuren eines möglichen Gedenkens an irgendeinem Ort dieser Erde waren von ihnen geblieben. Unsterblichkeit als ewiges Ziel menschlichen Lebens hielt Jonas ohnehin in einer vollkommen säkularisierten Welt für grundsätzlich nicht mehr vermittelbar. Eine Lösung aber schließlich im Sinne Hegels, die der listenreichen Weltvernunft im Wechselspiel der Schicksale viele konträre Lebenssituationen durchschreitend ein endliches Ziel in der Herrschaft des absoluten Geistes zuschrieb, in der alles Abgründige in sein gutes Ziel aufgehoben wäre,

---

134 Jonas hat seinen Mythos über einen Zeitraum von fast dreißig Jahren dreimal publiziert: In ‚Unsterblichkeit und heutige Existenz', deutsche Erstveröffentlichung in: ‚Zwischen Nichts und Ewigkeit', 1963; Wiederveröffentlichung in: PL, 373–397. Sodann ein zweites Mal und am ausführlichsten in: ‚Der Gottesbegriff nach Auschwitz', in: PU, 190–208, hier: 193–197. Schließlich in: ‚Materie, Geist und Schöpfung', suhrkamp taschenbuch 1513, 1988, 56f. Der wiederholte Rückgriff auf denselben Stoff zeigt, wie existentiell wichtig dieser ‚Mythos' für Jonas war.

erschien Jonas als eine success-story, die er aus Achtung vor den Opfern leidenschaftlich verwarf.[135]

Seine Erfahrungen mit dem gnostischen Mythos und mit Platos Unterscheidung, dass der philosophische Logos über bestimmte Fragen nichts zu sagen, während der Mythos metaphorisch darüber zu sprechen vermag, ließen ihn damals 1961 zum Hilfsmittel eines selbsterdachten Mythos greifen.[136] Dieser erzählt, dass Gott mit dem Experiment der Weltschöpfung auf seine eigene Machtvollkommenheit verzichtete und sich in die Hände der werdenden Welt begeben habe, um sich durch Weltgeschehen und Menschenschicksal und -handeln selbst zu erfahren und aufzubauen – ein Abenteuer, das mit einem bereicherten Gottesdasein, aber auch im Scheitern enden könne. Jedenfalls entschied

> „der göttliche Grund des Seins [...] im Anfang, sich dem Zufall, dem Wagnis und der endlosen Mannigfaltigkeit des Werdens anheimzugeben. Und zwar gänzlich: Da sie einging in das Abenteuer von Raum und Zeit, hielt die Gottheit nichts von sich zurück; kein unergriffener und immuner Teil von ihr blieb, um die umwegige Ausformung ihres Schicksals in der Schöpfung von jenseits her zu lenken, zu berichtigen und letztlich zu garantieren.“[137]

Den Menschen, die über das Spiel der Naturkräfte hinaus im besonderen durch den Vollzug ihres irdischen Lebens mit der Besorgung des göttlichen Schicksals beauftragt seien, spricht Jonas indes, wie erwähnt, keine Unsterblichkeit zu. Vielmehr: Da ein Mensch als psychophysische Ganzheit (wie auch jeder Organismus) in allen seinen Dimensionen wesenhaft mit dem Stoffwechsel verbunden ist, ende sein Leben in Gänze mit dem Ende seiner Stoffwechselfunktionen, so Jonas. Denn es gibt, wie oben gezeigt, für Jonas keine Subjektivität ohne Leiblichkeit und im Umkehrschluss folglich nach dem irdischen Vergehen des Körpers keine Unsterblichkeit des menschlichen Daseins. Lediglich dies, dass die Welt und mit ihr die Menschen dem großen Risiko des ohnmächtig gewordenen Gottes mit ihren *Taten* und ihrer *Verantwortung* gerecht werden und die Taten in Gottes Lebenslauf eingefügt werden, vermag Jonas als ihren Anteil an der Unsterblichkeit zu verstehen:

135 MGS, 54.

136 Jonas, Unsterblichkeit und heutige Existenz (UE); in: PL, 375–397.

137 UE, 390.

> „Obwohl kein ewiges Leben unser wartet, [...] noch eine ewige Wiederkunft des Hier, kann uns doch Unsterblichkeit im Sinne liegen, wenn wir während unserer kurzen Spanne die bedrohten sterblichen Anliegen versehen und dem leidenden unsterblichen Gotte Helfer sind."[138]

Solche Helfer sind wir, indem die Gottheit unsere menschlichen *Taten* unsterblich macht und sich in ihr eigenes Werden einschreibt, im kosmischen Werden und dem menschlichen Tun sich selbst in seinen Möglichkeiten erkennt und sich darin auferbaut. So tritt im zeitlichen Geschehen der Welt *Gottes Antlitz* langsam hervor. Im nie endenden Gang kosmischen Mengenspiels und menschlicher Lebensläufe wird das göttliche Angesicht erkennbar, gezeichnet von Schuld und Gelingen, Versagen und Erfolg menschlicher Lebensvollzüge. Es wächst „mit der furchtbar zweideutigen Ernte unserer Taten" in einem „nimmer entschiedenen kosmischen Prozess".[139] Ein riskantes Abenteuer also, mit dem die Gottheit sich der Schicksal wirkenden Verfügungsmacht menschlichen Lebens ausliefert. In eindrucksvoller Weise hat er dem Sprache gegeben:

> „Im zeitlichen Geschehen der Welt, dessen flüchtiges Ist stets verschlungen wird vom War, wächst eine ewige Gegenwart. Ihr Antlitz tritt langsam hervor, wie seine Züge eingezeichnet werden von den Freuden und Leiden, den Siegen und Niederlagen des Göttlichen in den Erfahrungen der Zeit, die solcherart unsterblich dauern. Nicht die Handelnden, die stets vergehen, sondern ihre Handlungen gehen ein in die werdende Gottheit und formen unauslöschlich ihr nimmer entschiedenes Bild. Gottes eigenes Geschick steht auf dem Spiel in diesem All, an dessen wissenslosen Prozeß er seine Substanz überließ, und der Mensch ist zum vorzüglichsten Verwahrer dieses höchsten und immer verratbaren Treuguts geworden. In gewissem Sinne ist das Schicksal der Gottheit in seiner Hand."[140]

Und Jonas fügt hinzu: „Da muß der Gottheit wohl um ihre Sache bange werden. Es ist kein Zweifel, wir haben es in unserer Hand, die Schöpfungsabsicht zu vereiteln,

138 E, 342f; Zitat: 343.

139 UE, 394.

140 UE, 389.

gerade in ihrem anscheinenden Triumph mit uns, und sind vielleicht kräftig daran."[141] Denn, so Jonas noch einmal, wie die Bilanz „mit der furchtbar zweideutigen Ernte unserer Taten wächst", bewirke sie

> „Eindruck auf die Ewigkeit zum Guten *und* zum Bösen: wir können bauen und zerstören, wir können heilen und verwunden, die Gottheit nähren oder darben lassen, ihr Bild vervollkommnen oder entstellen [...]. Daher ist die Unsterblichkeit unserer Taten kein Grund zu eitlem Stolz: viel mehr Grund hätten wir, zu wünschen, daß die meisten von ihnen keine Spur hinterlassen. Aber dies wird nicht gewährt: sie haben ihre Linie gezogen, und diese bleibt."[142]

Dass menschliche Taten sich in ein himmlisches Register einschreiben, war Jonas von seinen Gnosis-Arbeiten her bekannt; genauer: er kannte es aus jüdischer wie aus gnostischer Tradition. Dem Judentum war der Gedanke vertraut, dass alle Namen und menschlichen Taten im Buch des Lebens, einem ‚himmlischen Hauptbuch', aufgeschrieben werden, um am Ende gemäß unseren Verdiensten als Grundlage über das ewige Schicksal eines jeden zu dienen – zur Entscheidung über Auferstehung oder ewige Verwerfung. Jonas deutet diese Überlieferung entsprechend seiner eigenen Vorstellung von Unsterblichkeit allerdings um. Während menschliches Leben mit seinem irdischen Ende gänzlich verlischt, bleiben, so Jonas, die Taten als Verdienste, die ‚für sich selbst zählen' und nicht mehr dem Täter zugeschrieben werden. Sie tragen sich selbst „in ein ewiges Register der Zeitlichkeit" ein. Während sie sich im Kausalgewebe der Zeit verflüchtigen und vergessen werden, fügen sie sich „in alle Zukunft einem transzendenten Reiche" ein, der werdenden Gottheit – damit „immer weiter das unabgeschlossene Protokoll des Seins anschwellend und immer neu die angstvolle Bilanz [der werdenden Gottheit] verschiebend." Dies könne schließlich von „überragender Bedeutung" sein, „wenn auch nicht für unser eigenes künftiges Schicksal, so doch für das Interesse einer geistigen Summe selber, die das vereinende Erinnern der Dinge fortlaufend zieht".[143]

---

141 Zitiert nach Wiese, Nachwort, 419.

142 UE, 394.

143 Alles: UE, 386. Bereits in dieser relativ frühen Schrift (1961) finden sich damit entscheidende Gedanken, die Jonas dreißig Jahre später in seinem letzten Essay ‚Vergangen-

Aus gnostischer Tradition wusste Jonas darüber hinaus um die Vorstellung eines himmlischen Doppelgängers der irdischen Person. Nach dieser Vorstellung hat jeder sein *alter ego* in der oberen Welt, in dem sich Taten und Ergehen eines Menschen einschreiben und so sich das ewige Selbst der Person vollendet. Solche Vollendung meint, dass die „Erdenfahrt der Seele [...] gipfelt in einer vollendenden Verschmelzung und Wiedervereinigung der zeitweilig Getrennten".[144] Das himmlische Urbild eines Menschen sammelt also dessen Lebenslauf in allen seinen Windungen und Taten ein und formt es um in sein ewig bleibendes Bild. Neben der individuellen Version dieser Vorstellung gebe es indes, so Jonas, auch dafür eine kollektive, die sich mit der Vollendung des göttlichen Selbst verbinde.[145] Ihr zufolge arbeite alle Geschichte des Lebens, die allgemeine und die der Menschen im besonderen, unablässig daran, die ursprüngliche Ganzheit eines unsterblichen, aber leidensfähigen Gottwesens wieder herzustellen, „das den vielsagenden Namen ‚Urmensch' trägt [insofern es alles zukünftige menschliche Leben seit der Erschaffung des ersten (Ur)Menschen bereits in sich birgt und am Ende wieder in sich vereint], und dessen vorweltliche Selbstauslieferung an die Dunkelheit und Gefahr des Werdens das stoffliche Universum möglich und zugleich notwendig machte".[146] Analog seinem Vorgehen bei der geschilderten jüdischen Tradition vom Buch des Lebens entscheidet Jonas sich auch bei seinem Rückgriff auf gnostische Quellen für diese kollektive Version, nach der nicht die einzelne Person, sondern ein leidensfähiges Gottwesen kraft seines Gangs durch die Welt- und Menschengeschichte in seiner Gottheit wieder hergestellt wird.

Man kann also von Teleologie im göttlichen Werdeprozess sprechen, wenn Gott sich dadurch wieder auferbaut, dass kosmisches Geschehen und menschliches Tun sich in sein ewiges Werden einschreiben und damit prinzipiell jene göttliche Potentialität offen legen, welcher Gott sich mit der Erschaffung der Welt entledigte, um sie dem kosmischen Prozess als Werdekraft für alle Weltzeit zu überlassen. Um Letzteres aussagen zu können, bedient Jonas sich schließlich der Idee des ‚Zimzum'. Zimzum ist ein Zentralbegriff der jüdischen Kabbala des mittelalterlichen

heit und Wahrheit' (1990/91) zum Zentrum seiner Ausführungen machen wird. Davon muss noch gehandelt werden.

144 UE, 387.

145 Jonas findet sie v. a. in einer manichäischen Schrift aus Ägypten wieder (UE, 388).

146 UE, 388.

Mystikers Isaak ben Luria. Die Vorstellung besagt in ihrer originalen Fassung, dass Gott sich seit der Erschaffung der Welt von Zeit zu Zeit in sich zusammenziehe, um in der Welt Raum zu schaffen dafür, dass „in das Nichts ein Strom, ein Etwas von Gott" fließe. Zimzum war damit gedacht als ein Erlösungsdrama „von Verfehlung und Wiederherstellung, die aber in Wirklichkeit erst das eigentlich in ihr Angelegte, noch nie Dagewesene zustande brachte".[147] Jonas radikalisiert diese Vorstellung, indem er Zimzum als Gottes generelle Selbstentäußerung im Akt der Weltschöpfung versteht, um der Welt und mit ihr dem Leben und speziell den Menschen Raum zu geben für alles Werden – und mit diesem Werden sein eigenes Werden zu erfahren.

III.3 Der Gottesbegriff nach Auschwitz

Auf diesen erdachten Mythos greift Jonas 23 Jahre später zurück, als er für seinen Vortrag anlässlich der Verleihung des Leopold-Lucas-Preises sein Thema wählt: „Der Gottesbegriff nach Auschwitz. Eine jüdische Stimme". Doch setzt er gegenüber ‚Unsterblichkeit und heutige Existenz' einige Akzente anders. Es heißt nun nicht mehr, dass ‚die Gottheit nichts mehr von sich zurückhielt, als sie einging in das Abenteuer von Raum und Zeit'; sondern Gott habe sich mit der Erschaffung der Welt aller seiner *physischen* Macht begeben und sie in den kosmischen Prozess hingelegt. M.a.W.: Er habe sich für alle *Zeit* seiner Allmacht entledigt. Im Umkehrschluss bedeutet dies, dass alle Macht im Kosmos säkularisierte Schöpfermacht ist. Die zieldisponierte Teleologie im Werden von Kosmos und aller Evolution des Lebens ist nunmehr im Sinne Jonas' zu verstehen als Übersetzung dieser Schöpfermacht in den raumzeitlichen Prozess kontingenten Seins und Daseins. Und schließlich erklärt sich nun auch, dass Jonas dafür den Menschen als ‚Ebenbild Gottes' charakterisiert. Diesem Bild biblischer Schöpferabsicht gibt Jonas indes eine eigenwillige Wendung: Dass der Mensch als imago dei „nicht so sehr ‚im Bilde' wie ‚für' das Bild Gottes geschaffen wurde", nämlich für den göttlichen

---

[147] So Gershom Scholem, zitiert nach Wiese, Weltabenteuer, 216; das Ganze bei Wiese, ebd., 213–216. Ausführlich zur Thematik des Zimzum auch: Nielsen-Sikora, Hans Jonas, 279–282. Dgl.: Arnold, Das kosmische Datum, 371. Vgl. schließlich auch: Huber, Ehrfurcht vor dem Heiligen, 277.

Werde-Prozess. Die Metapher vom Menschen als ‚Ebenbild' begegnete uns schon in säkularem Zusammenhang im Prinzip ‚Verantwortung'. Die ungewöhnliche Deutung von Genesis 1,27 (die sich grammatikalisch kaum rechtfertigen lässt), dass der Mensch *für* das Bild Gottes geschaffen sei, braucht Jonas aber nunmehr für die biblische Begründung seines Mythos. Mit dem kosmischen Werden und den menschlichen Lebensvollzügen vollzieht sich die (Wieder)Auferbauung der Gottheit nach ihrer physischen Machtentsagung. Als Imago Gottes zu leben bezeichnet folglich, so Jonas, die Pflicht der wissenden Macht des Menschen – „eine kosmische Pflicht, denn es ist ein kosmisches Experiment, das wir mit uns scheitern lassen, in uns zu Schanden machen können".[148] Von *kosmischer* Pflicht aber gegenüber einem kosmischen Experiment muss Jonas letztendlich sprechen, weil nach der Machtentsagung Gottes alle Macht in Kosmos, Leben und Mensch sich gewissermaßen als die raumzeitliche Substanz ursprünglicher göttlicher Macht erweist und Gott sich in seiner Gänze folglich auch nur im kosmischen Maßstab erneut selbst-erfahren kann – durch den Lebenslauf des ‚Ebenbildes'.[149]

Er widmet, wie erwähnt, diesen Vortrag seiner in Auschwitz ermordeten Mutter, bei deren Tod wie bei allen Morden in Auschwitz Gott geschwiegen habe. Jonas erklärt dieses Schweigen nunmehr in zweifacher Weise. Zum einen kritisiert er generell den Begriff der Allmacht, derer sich die Gottheit im Schöpfungsakt entledigt habe. In philosophischer Hinsicht sei Allmacht ein in sich widersprüchlicher Begriff, weil (All)Macht vollständig in sich ruhe, solange sie nicht durch andringende fremde Macht zur Ausübung ihrer Macht herausgefordert werde. Damit gebe es realiter aber gar keine Allmacht, sofern Allmacht Allein-Macht bedeute, die wiederum erst Macht ist, wenn andere Macht ihr begegnet. Jegliche sie herausfordernde Macht bedeute dann aber, dass es neben der vermeintlichen Allmacht zumindest eine zweite Macht gebe und die Allmacht in ihrem Machterweis sowie in räumlicher Dominanz relativiere. Inhaltlich weitaus bedeutsamer sind aber zweitens die Zuweisungen, durch die Jonas die Gottheit als solche gekennzeichnet (und ihrer Allmacht enthoben) sieht. Es seien dies üblicherweise neben der Allmacht die Güte und die Verstehbarkeit Gottes.[150] Doch können, so Jonas,

148 Bei Wiese, Nachwort, 419f.

149 Auch ‚Subjektivität' ist in Jonas' System ein ‚kosmisches Datum' (MGS, 31).

150 GA, 203. Die Verstehbarkeit Gottes – durch die Thora und das Wort der Propheten gewährleistet – sei für den jüdischen Glauben unabdingbar, so Jonas.

diese drei Kennzeichen niemals gleichzeitig für die Wirklichkeit Gottes zutreffen: Güte und Allmacht seien angesichts des Geschehens von Auschwitz schlechterdings nicht miteinander vereinbar; ein gütiger und zugleich allmächtiger Gott hätte ‚Auschwitz' nicht geschehen lassen. Doch in Auschwitz geschah „kein rettendes Wunder; durch die Jahre des Auschwitz-Wütens schwieg Gott" und griff nicht ein: „Nicht weil er nicht wollte, sondern weil er nicht konnte".[151] Ein allmächtiger und auch verstehbarer Gott wiederum könne vor dem Hintergrund der Shoa kein gütiger Gott sein. In keiner Weise wäre es zu verstehen, ‚Auschwitz' mit einem gütigen und dazu allmächtigen Gott in Verbindung zu bringen. Doch das Prädikat der Güte hält Jonas für „untrennbar von unserem Gottesbegriff", verstehbar bleibe er nur als gütiger Gott. Angesichts des Weltgeschehens (nach Auschwitz) sei jedoch auch die Rede von einem gütigen Gott problematisch. Wolle man gleichwohl daran festhalten, dass Gott als gütiger Gott auch verstehbar bleibe, könne dies nur nebeneinander bestehen, wenn sein Gutsein vereinbar sei „mit der Existenz des Übels, und das ist es nur, wenn er nicht *all*-mächtig ist. Nur dann können wir aufrechterhalten, daß er verstehbar und gut ist und es dennoch Übel in der Welt gibt".[152]

Damit ist bereits angedeutet, dass gemäß Jonas anders als in der früheren Fassung des Mythos im ‚Gottesbegriff nach Auschwitz' die Gottheit sich damit nicht gänzlich als Gott aufgibt. Gott ist mit seinem Machtverzicht nicht genichtet. Vielmehr habe er sich lediglich „für eine Zeit – die Zeit des fortgehenden Weltprozesses – jeder Macht der Einmischung in den *physischen* Verlauf der Weltdinge begeben". Nicht hingegen auf die „Sätze von Gottes [...] Ruf an die Seelen, von der Inspiration der Propheten und der Thora, auch nicht die Idee der Erwählung [Israels], nur aufs Physische bezieht sich die Ohnmacht Gottes".[153] Aber immerhin, kein Vorwissen blieb der Gottheit „als das der *Möglichkeiten*, die kosmisches Sein durch seine Bedingungen gewährt".[154] Solches Vorwissen beinhalte, dass „ein geduldiges Gedächtnis vom Kreisen der Materie sich ansammelt und zu der *ahnenden Erwartung* anwächst, mit der das Ewige die Werke der Zeit zunehmend begleitet – ein zögerndes *Auftauchen der Transzendenz* aus der Undurchsichtigkeit

[151] GA, 204f.

[152] Alles: GA, 203f.

[153] GA, 205; Hervorhebung: KGA.

[154] GA, 194; Hervorhebung: Jonas.

der Immanenz". Schließlich wachse ‚ahnende Erwartung' an im Prozess ‚kosmischen Zufalls und der Wahrscheinlichkeiten seines Mengenspiels'. Denn die ‚erste Regung von *Leben*' ist der „Weltzufall, auf den die werdende Gottheit wartete"; und im „Selbst-Fühlen, Handeln und Leiden endlicher Individuen [...] entfaltet die göttliche Landschaft ihr Farbenspiel und kommt die Gottheit zur Erfahrung ihrer selbst". Jeder evolutive Schritt in der Entwicklung des Lebens „bereichert die Selbsterfahrung des göttlichen Grundes". ‚Wahrnehmung und Bewegung des Lebens' (im Zusammenhang auf die Tierwelt bezogen), Trieb, Angst, Lust und Schmerz, Triumph und Entbehrung, Liebe und auch Grausamkeit bedeuten einen „Gewinn des göttlichen Subjekts [...] und liefern die Essenz, aus der die Gottheit sich neu erbaut". Mit dem Erscheinen des Menschen schließlich „erwachte die Transzendenz zu sich selbst und begleitet hinfort sein Tun mit angehaltenem Atem". Denn mit der ‚Heraufkunft' des Menschen kommen Freiheit und Wissen und damit menschliche Verantwortung in der ‚Disjunktion von Gut und Böse' auf. Mit ihr geht das Bild Gottes in die fragwürdige Verwahrung des Menschen über.[155]

In seinem Mythos sah Jonas den Versuch, den „Schatten" der Ermordeten „so etwas wie eine Antwort auf ihren längst verhallten Schrei zu einem stummen Gott nicht zu versagen".[156] Alle traditionellen Antwortversuche auf die Hiobfrage nach Gottes Recht, Menschen mit völlig unverstandenem Leid zu schlagen, versagen „angesichts des unvorstellbaren Ausmaßes in den Vernichtungslagern der Nazis. [...] Von alledem wußte Auschwitz nichts, das auch die unmündigen Kinder verschlang, [...] kein Schimmer des Menschenadels wurde den zur Endlösung Bestimmten gelassen, nichts davon war bei den überlebenden Skelettgespenstern der befreiten Lager noch erkennbar".[157]

Darum erinnert Jonas an diese unmenschlichen Leiden, die sich jeglicher sprachlicher Wiedergabe in ihrem abgründigen Ausmaß verweigern, zugleich mit klarer ethischer Ausrichtung der Menschen. Die Spekulation über den ohnmächtigen Gott diene dazu, die Menschen auf ihre Verantwortung gegenüber der Sache Gottes zu verweisen. Dies aber ist für Jonas identisch mit der Verantwortung gegenüber dem Leben – das ‚Prinzip Verantwortung', aufgetragen dem Ebenbild

---

155 Alles: GA, 194–196.

156 Wiese, Nachwort, 418.

157 Bei Wiese, Nachwort, 418.

Gottes, erweist sich damit als die säkulare Version der menschlichen Verantwortung für das kosmische Schicksal der Gottheit. Angesichts freilich des Wissens, dass unsere moralische Freiheit eine Freiheit zum Guten wie zum Bösen ist, besteht Jonas darauf, dass wir jetzt die von uns gefährdete göttliche Sache in der Welt vor uns schützen müssen. Weil „unsere Lebensläufe Linien im göttlichen Gesicht werden" und darin untilgbar sind, müssen wir der für sich ohnmächtigen Gottheit gegen uns selbst zu Hilfe kommen.

III.4 Vergangenheit und Wahrheit

Zwei Jahre nach der letztmaligen Veröffentlichung des Mythos von der Machtentsagung Gottes[158] erscheint ein weiteres Opus, mit dem Jonas die Gottesfrage thematisiert. Oder anders gesagt: Er funktionalisiert sie nunmehr, um den Erhalt von Wahrheit gegenüber jeglicher – vorsätzlicher oder unbeabsichtigter – Verfälschung zu sichern. Der Titel ‚Vergangenheit und Wahrheit. Ein später Nachtrag zu den sogenannten Gottesbeweisen'[159] ist freilich geeignet, irrige Erwartungen zu wecken. Sein Anliegen sei jedenfalls nicht, in Ergänzung der klassischen Gottesbeweise einen weiteren Beweis einer absoluten Wirklichkeit zu präsentieren. „Kants Urteil über die Hinfälligkeit a priori eines jeden Gottes*beweises*" sei auch für ihn „unumstößlich", so Jonas.[160] Es gehe ihm vielmehr um Überlegungen, dass die ‚Begreiflichkeit' unserer gegenwärtigen erkennenden Existenz ihre Fundierung stets in der Wahrheit von Vergangenem erfordere. Eine bestimmte Aussage könne nur validiert werden, wenn sie sich an vergangenem Bewährtem gemessen als wahr erweist. Doch das Vergangene sei als solches nicht mehr da und könne daher auch nichts mehr beweisen. Daher bedürfe es für die Argumentation eines absoluten Subjekts als Garant der Wahrheit.

Vergangenes seien vergangene Tatsachen, kontingente Ereignisse, konkrete Motive, Gedanken und Gefühle, die gegenwärtigem Fragen und Entscheiden zugrunde liegen. All unser Fragen, Kommunizieren und Tun nehme seinen Aus-

[158] MGS, 244–247.

[159] Jonas, Vergangenheit und Wahrheit, 1990/91; in: Philosophische Untersuchungen, 173–189 (im Folgenden: VW).

[160] VW, 174.

gang bei Vergangenem – soeben Gesagtem oder Getanem oder in ferne Zeiten Zurückreichendem, aber jetzt nicht mehr Vorhandenem. Es ist vergangen. Tragfähig begründend könne es jedoch nur sein, wenn es – als Vergangenes, aber einstmals Kontingentes – wahr ist oder als wahr angenommen werden kann. Doch wie kann seine Wahrheit verifiziert werden? Wer oder was kann sie garantieren? Wer oder was sichert sie als ‚wahr' angesichts der Irrtumsfähigkeit menschlichen Erinnerns? Wer oder was bewahrt sie angesichts möglicher bewusster Verfälschung? Wer oder was bewahrt sie vor dem Vergessen? Und wer oder was bewahrt sei auf, jenseits aller Möglichkeiten, ob sie noch befragt werden kann oder für uns im Treibsand der Geschichte verloren gegangen ist?

Als seine Überlegungen begleitendes Beispiel wählt Jonas die Frage, ob Caesar den Rubikon überschritten habe – ja oder nein? Nur eine der beiden Aussagen könne wahr sein, und eine muss wahr sein. Caesars Gegner schreiben anders über ihn, als er selbst dies tut. Wem darf man glauben? Und vorausgesetzt der Übergang über den Rubikon hat stattgefunden: Welche Motive haben Caesar geleitet, und war er sich der ganzen Tragweite seines Vorhabens bewusst? Wenn nicht, würde die Wahrheit eines Sachverhalts sehr viel weiter reichen können, als unser Bewusstsein sie realisiert.

Für den Erweis bestimmter vergangener Wahrheiten erinnert Jonas zunächst an alte Quellen, Urkunden und archäologische Funde. Sie belegen innerhalb gewisser Grenzen Fakten vergangenen Lebens. Fossile Zeugnisse der Erdgeschichte wiederum können uns Kenntnisse über die Fakten der Evolution in zurückliegenden Epochen der Erd- und Lebensgeschichte vermitteln.[161] Selbst hinsichtlich des Beginns unserer Welt gebe es halbwegs belastbare Theorien. Dank der von Hubble entdeckten und als Dopplereffekt gedeuteten Rotverschiebung können wir auf eine Entwicklungsgeschichte des Universums schließen, die auf ihren Ausgang im angenommenen Urknall schließen lasse. Voraussetzung für diese Annahme sei freilich, so Jonas, die Permanenz gleichbleibender Naturgesetze durch alle Zeiten. Quasi ewige Gültigkeit gelte endlich für Gesetze der Mathematik; der Satz von der stets gleichbleibenden Winkelsumme von 180° im Dreieck habe bereits von einer Million Jahren gegolten, auch wenn noch kein kluger Geist wie Euklid existierte, der ihr Gesetz entschlüsselte. Liegt die Antwort auf die Frage nach tragfähiger Wahrheit also in der Mathematik verborgen?

[161] Pars pro toto erinnert Jonas an Dinosaurierfunde (VW, 177).

Jonas überprüft dies an Laplace' Theorem der ewigen Gleichförmigkeit kosmischer Prozesse. Laplace nahm eine Weltformel an, die das als unveränderlich angenommene Universum durchwalte und determiniere und es für uns hinsichtlich eines jeden zu erfragenden Entwicklungsstatus aufgrund ihrer Gleichförmigkeit verstehbar mache, sofern wir die Weltformel kennen.[162] Mit dieser Weltformel stände uns die universale Präsenz jedes Gewesenen jederzeit zur Verfügung – die von Jonas gesuchte Wahrheit. Denn mit dieser Formel könnte ein ‚unendlicher Intellekt' einen bestimmten Zustand in der Vergangenheit oder der Zukunft fehlerfrei bestimmen, insofern er von einem gegenwärtigen Querschnitt kosmischer Gegebenheiten ausgehend mithilfe der Formel die Abfolge naturhafter Prozesse in die jeweils gewünschte Richtung extrapolierte. Die Laplace'sche Weltgleichung bedeutete, so Jonas, eine „quasi logische Gleichzeitigkeit aller Zeiten" – eine *logische* wohlgemerkt. Denn sie setzt das *reale* Vergangensein früherer faktischer Entwicklungsstufen zwar voraus, kann deren Vergangensein aber als irrelevant für die Erkenntnis ihrer Wahrheit betrachten. Denn die Wahrheit des Vergangenen wäre die gleiche wie die des Gegenwärtigen. Und alle ihre Wahrheiten zusammen wären die ganze Wahrheit alles Seienden aller Zeiten.

Doch Jonas widerspricht dem im Namen des Lebens. Denn eine logisch-mathematische Gleichzeitigkeit aller Zeiten würde die geschichtliche, kontingente Einmaligkeit eines konkreten Geschehens in einem bestimmten Augenblick verkennen. Auf der Verstehens-Ebene der Weltformel wären Vergangenheit, Gegenwart und Zukunft vielmehr aufgehoben in einer zeitlosen Präsenz absoluter Determination. Die gesetzmäßige Logik der Weltformel duldete schließlich kein kontingentes Außerhalb ihrer; sie müsste alles umfassen, sonst wäre sie keine Weltformel. Geschichtliches Leben aber duldet seinerseits keine Determination, es würde durch sie vielmehr gerade ihrer je eigenen unverwechselbaren Einmaligkeit und Wahrheit beraubt.[163]

---

[162] Sie lautet: „Wir müssen […] den gegenwärtigen Zustand des Universums als die Auswirkung des vorherigen Zustands betrachten und als die Ursache dessen, was folgen wird. Nehmen wir […] eine Intelligenz an, die alle Kräfte, durch die die Natur bewegt wird, kennen könnte und, für einen bestimmten Moment, die genauen Zustandsgrößen aller physikalischen Objekte, aus denen sie besteht; […] für [diese Intelligenz] wäre nichts ungewiß; und die Zukunft wie die Vergangenheit läge klar vor ihren Augen." (Pierre Simon de Laplace; Traité de mécanique céleste, 1799–1825; zitiert nach Lenzig, Das Wagnis der Freiheit, 103, Anm. 337).

[163] Alles: VW, 179f.

In einem frühen Aufsatz mit dem Titel *Ist Gott ein Mathematiker?*[164] hatte Jonas sich bereits mit dem Mathematiker James Hopwood Jeans über eine analoge Problemstellung auseinandergesetzt. Jeans vertritt die These: „Nach dem immanenten Zeugnis seiner Schöpfung beginnt heute der große Baumeister des Weltalls als reiner Mathematiker zu erscheinen".[165] Das Universum mit allen seinen Erscheinungen solle also demzufolge ausschließlich durch mathematische Gesetze erklärbar sein. Jonas hält ihm entgegen, dass jener Schöpfer für die Erklärung eines Organismus auf der Basis ausschließlich mathematischer Gesetze zwar eine vollständige Aufzählung aller raumzeitlichen Daten des Organismus vor sich hätte, jedoch ohne auch nur zu ahnen, was überhaupt ein lebender Organismus sei. Denn Leben könne nur von Lebenden verstanden werden, so Jonas. Seine an Jeans gerichtete Frage *„Ist Gott ein Mathematiker* – nämlich wesentlich und lediglich ein Mathematiker, selbst nur hinsichtlich des materiellen Alls – [finde als Antwort daher nur] ein vernehmliches ‚Nein'"[166] – und mit ihr ein „Nein" zugleich der Rückgriff auf Laplace.

Mit gleichartiger Kritik begegnet Jonas auch der Monadologie von Leibniz, die ebenfalls so gedeutet werden könnte, als enthielte sie alle Wahrheit der Welt in sich. Leibniz entwickelte eine Lehre von Monaden, welche eine jede das Gesamt der Welt in sich enthalte und somit die Wahrheit alles Weltgeschehens in sich repräsentiere. Das Gesamt des Weltgeschehens sei jedoch allein in einer göttlichen Zentralmonade ewig *gegenwärtig*, während wir niemals das Ganze, das Gesamt gleichzeitig repräsentiert, sondern nur einzelne Geschehensabläufe zeitlich organisiert wahrnehmen könnten. Leibniz begründet dies mit unseren ‚undeutlichen Perzeptionen'; für uns könne daher nur nacheinander und in zeitlicher Abfolge als Prozess des Lebens wahrnehmbar sein, was in der göttlichen Zentralmonade stets und auf ewig in gesamter Fülle präsent sei.

Doch auch dies lässt Jonas nicht als Ort aller Wahrheit gelten, weil dann die Wahrheit des Lebens und aller seiner kontingenten Äußerungen außerhalb seiner verortet wäre – eben in der (Zentral)Monade – und folglich alles menschliche „Streben, Bemühen, Hoffen, Bangen, auch Bereuen und Trauern" zur „bloßen Illusion" degradiert würden. Auch Freiheit wäre zur Illusion degradiert: „Jedes

[164] 1951; PL, 129–178.

[165] James Hopwood Jeans, The Mysterious Universe, Cambridge 1933; bei Jonas, PL, 129.

[166] PL, 170f.; Zitat: 171.

Wägen von Entschließungen wäre Selbstbetrug, denn was sich dafür ausgibt, wäre seinerseits nur ein vorgeschriebener Schritt im Erscheinungsballett längst entschiedener Wirklichkeit".[167]

Derartige Systeme[168] vermögen also, so Jonas, nicht Wahrheit und Lüge unseres Redens und Tuns von Vergangenem zu vergegenwärtigen. Aber gerade dies ist Anliegen seines Fragens: Wie kann die *Wahrheit* alles Geschehens, das als einstmals Kontingentes in das Nicht-Mehr-Seiende versunken ist, vergegenwärtigt werden? Und weiter: Wie könnte die Permanenz der Wahrheit von Vergangenem sogar gewährleistet werden, wenn Geschichte so umgeschrieben würde, dass eine totale Quellenfälschung die wahren Realitäten eliminierte? Jonas nennt als Beispiel dafür die Geschichtsschreibung in Stalins Sowjetunion, etwa im Hinblick auf Leo Trotzky: „Nicht nur Trotzky selber wurde umgebracht, sondern auch und vor allem sein Bild: Aus dem Schöpfer der Roten Armee wurde ein Verräter an der Revolution."[169] Jonas antwortet darauf, auch wenn die Tür zur geschichtlichen Wahrheit zugeschlagen werde, bleibe die *Frage*, wie es wirklich war, und sie lasse sich nicht für immer aus der Welt schaffen. Als Frage, die prinzipiell um Wahr oder Falsch weiß, bleibe sie aber lebendig und gültig. Denn die Wahrheit der kontingenten Realität sei eine Macht, die uns erst zur Ruhe kommen lässt, wenn sie zweifelsfrei gefunden ist: „Wie war das damals wirklich?".

Doch auch damit ist Jonas noch nicht an seinem Ziel. Denn darf das Auffinden von Wahrheit allein davon abhängig sein, dass nach ihr gefragt wird? Es sei richtig, dass unser Wahrheitsbewusstsein darauf beharre, dass es einen Unterschied macht, ob von Vergangenem wahr oder unwahr gesprochen werde. Und dies, trotz der Fehlbarkeit menschlicher Erinnerung, die verantwortlich sein könnte für Feststellungen, welche die Wahrheit verfehlen; und auch trotz bewusster Täuschungen, welche uns ein unwahres Bild von Vergangenem vermitteln möchten. Denn die Wahrheit des falsch Erinnerten oder bewusst Vorgetäuschten *besteht* als solche, eben als Wahrheit unabhängig von Täuschung oder unklarer bzw. falscher

---

[167] VW, 185; dort auch der ganze Zusammenhang. Und weiter: „Aller Ernst schwände dahin. Die Realität der Zeit mit ihrem Nochnicht der Zukunft und Nichtmehr der Vergangenheit darf uns keine Metaphysik auszureden versuchen."

[168] Jonas führt seine Debatte noch weiter mit Platons Ideen-Lehre, Plotins Paradigma eines intelligiblen Kosmos der ewigen Wahrheiten und auch Hegels ‚absolutem Geist', in dem alles Geschehen aufgehoben sei; VW, 188.

[169] VW, 182.

Erinnerung. Jonas verweist in diesem Zusammenhang auf die ‚Konstantinische Schenkung', die jahrhundertelang als echt galt, bevor sie als Täuschung entlarvt wurde. Doch die Wahrheit, dass es sich um eine Fälschung handelte, bestand von Anfang an – unabhängig von der Erkenntnis des wahren Sachverhalts.[170]

Festzuhalten ist, dass Jonas sein penetrantes Fragen nicht als intellektuelle Spielerei versteht, sondern als das Bemühen um eine sichernde Instanz für die Belastbarkeit alles Zusammenlebens. Gegenwärtiges gründet stets auf Vergangenem, sei es grundlegend Prinzipielles oder auch nur eine gegenwärtige geschäftliche Beziehung. Nur wenn die Grundlage eines Konsenses wahr ist, ist sie belastbar und tragfähig für Neues. Ohne „die Unterscheidung von wahr und unwahr mit Bezug auf die Vergangenheit [...] gäbe es keine gemeinsame Welt, die wir mit anderen in Gespräch und Handeln teilen".[171] Nur Wahrheit schafft Vertrauen, Unwahrheit und Lüge zerstören es.

In Abwägung alles dessen müsse es, so Jonas, eine „*ewig* mögliche Befragbarkeit vergangener Wahrheit" geben, die unbeeinflusst davon sein müsse, ob Menschen noch die Möglichkeit haben, nach ihr zu fragen. Denn Wahrheit dürfe nicht davon abhängig sein, ob Menschen noch im konkreten Fall um sie wissen. Anderenfalls bestünde eine Zwei-Klassen-Wahrheit, für die es Ereignisse gäbe, welche noch befragbar sind, und andere, die auf Wahrheit und Falschheit nicht mehr befragt werden können, weil niemand mehr um sie weiß. Es müsse daher, so Jonas, ein „ewiges Gedächtnis der Dinge [sein], in das alle Geschehnisse in ihrer gewesenen Faktizität sich von selbst einschreiben – eine Art immer wachsender, automatischer Weltchronik"[172], initiiert gewissermaßen von einer göttlichen Teleologie der

[170] VW, 185. Donatio Constanini, entstanden in der zweiten Hälfte des 8. Jahrhunderts. Ihr gemäß habe Kaiser Konstantin (306–337) dem Papst den kaiserlichen Lateranpalast in Rom, kaiserliche Insignien sowie „Romae urbis et omnis Italiae seu occidentalium regionum provincias, loca et civitates" (Provinzen, Festungen und Städte) übertragen. Für den mittelalterlichen Investiturstreit war die Schenkung von enormer Bedeutung und erwies ihr auch tödliches Potential mit der päpstlich initiierten Hinrichtung des letzten Staufers Konradin 1268 in Neapel. Nikolaus von Kues und Laurentius Valla bewiesen im 15. Jahrhundert die Unechtheit der Schenkungsurkunde. Im Zusammenhang der reformatorischen Auseinandersetzungen veröffentlichte Ulrich von Hutten 1519 Vallas Schrift. (Karl Heussi, Kompendium der Kirchengeschichte, Tübingen [11]1957, § 42i, k et al.).

[171] VW, 186.

[172] VW, 186.

Wahrheit. Sie könne selbstverständlich nicht ein Weiterexistieren der Dinge meinen; das Gewesene müsse wirklich verschwunden sein, damit das Gegenwärtige da sein kann. Aber Vergangenes könne „geistig in einem Subjekt als Wissen fortbestehen, dessen immerwährende Gegenwart die Anwendung des Wahrheitsbegriffs auf Vergangenes überhaupt legitimiert".[173] Für dieses Subjekt müsse es

> „eine *Präsenz des Vergangenen* qua Vergangenen geben, eine solche also, die sich mit seinem Gewesensein verträgt und nicht die Zeit zur Illusion macht: eine *mentale* (intentionale) Präsenz also, stellvertretend für die substantielle [welche eben vergangen ist]; und zwar eine *ewige*, da die Befragbarkeit auf wahr oder falsch von Sätzen darüber auf ewig besteht".[174]

Mithin ein *„universaler und vollkommener Geist"* müsse es sein. Denn nur ein solcher vermag die kontingente Wahrheit *alles* Vergangenen vorzuhalten; und nur ein solcher Geist vermag die *kontingente Wahrheit* alles Vergangenen zu erfassen.

Darum gibt Jonas seinem Essay den Untertitel ‚Ein Nachtrag zu den sogenannten Gottesbeweisen'. Noch einmal betont er, dass er keinen Gottesbeweis führen wolle – es sei hier nichts zu beweisen. Er wolle aber eine ‚Lücke' schließen, die sich mit der Ungenügsamkeit aller bisheriger Systeme aufgetan habe, die in unterschiedlicher Weise die Einheit von Sein und Universum aufzeigen wollten. Denn die permanente Konstanz kosmischer Gesetze und Abläufe – Laplace' Weltformel – sei durch Hubbles Entdeckung der Rotverschiebung im Weltraum vom Wissen um ein kosmisches Prozessgeschehen widerlegt. Desgleichen können auch weder Platons ‚überhimmlischer Ort' der Ideen noch Plotins ‚intelligibler Kosmos' und auch nicht Hegels ‚absoluter Geist' Jonas' Anliegen genügen. Denn Wahrheit im Begriff aufzuheben, so Hegel, würde die Wahrheit als Wahrheit von (wenngleich vergangenen) *kontingenten Tatsachen* gerade aufheben, nämlich zum allgemeinen Begriff vergeistigen. Für Jonas muss aber Wahrheit „die Präsenz aktueller Erinnerung des Geschehenen in der ganzen *Einmaligkeit seiner Kontingenz*" sein. Mit seinen Worten kann dem Bedürfnis der Vernunft, die nach der Wahrheit des nicht mehr seienden Kontingenten fragt, daher „nur eine *Subjektivität* [entsprechen], die das *konkret Tatsächliche, wie es sich begibt*, erlebt und ihrem wach-

[173] VW, 187.
[174] VW, 186.

senden Gedächtnis einverleibt. Also ein in dieser Hinsicht werdender, wenngleich ewig existierender Geist".[175]

III.5 Zwei Gottesbegriffe?

Wie aber können Jonas' Gottesbegriff in seinem Mythos und der in ‚Vergangenheit und Wahrheit' zusammenpassen: ein Gott, der sich aller seiner (physischen) Macht entäußert hat, und ein Gott, der die kontingenten Wahrheiten einsammelt zur ewig präsenten Wahrheit? Ein Gott, der in seiner souveränen Gottheit die Wahrheit hütet und ewig verwahrt, und ein Gott, der sich scheinbar dem vergänglichen Kosmos ausliefert? Sebastian Poliwoda bestreitet generell die Vereinbarkeit beider und sieht vielmehr einen nicht auszugleichenden Gegensatz zwischen dem Gott in Jonas' ‚Gottesbegriff' und dem im ‚Gottesbeweis' von Vergangenheit und Wahrheit.[176] Gott als absolutes Gedächtnis in Vergangenheit und Wahrheit stehe im Gegensatz zur endlichen Subjektivität des unter Aufgabe seiner Göttlichkeit sich ganz und gar in den werdenden Kosmos entäußernden Gottes im Mythos.[177] Doch konnte im Vorigen bereits gezeigt werden, dass die Gottheit des Mythos keineswegs als Gott genichtet ist. Er erfährt sich durch das Weltgeschehen als Gott in seinen unergründlichen Möglichkeiten und begleitet dieses Geschehen mit angehaltenem Atem. Er entäußert sich freilich in physischer Hinsicht seiner Allmacht. Dem „Aufprall des weltlichen Geschehens auf sein eigenes Sein antwortete [er] nicht ‚mit starker Hand und ausgestrecktem Arm' [...], sondern mit dem eindringlichen Werben seines unerfüllten Zieles".[178] Aber auch der Gott in Vergangenheit und Wahrheit ist eine Subjektivität, die das konkret Tatsächliche, wie

---

175 VW, 188; Hervorhebungen: KGA.

176 Sebastian Poliwoda, Gottesbegriff und Gottesbeweis. Zur philosophischen Theologie bei Hans Jonas, in: P. Koslowski et al. (Hrsg.), Jahrbuch für Philosophie des Forschungsinstituts für Philosophie Hannovers 6 (1995), 123–141. Es erscheint jedoch schwer nachvollziehbar, dass Jonas im hohen Lebensalter im zeitlichen Abstand von zwei Jahren zwei völlig inkompatible Vorstellungen von Gott publiziert haben sollte: Der Vortrag ‚Materie, Geist und Schöpfung', der die letzte Fassung des Mythos enthält, entstand 1988, ‚Vergangenheit und Wahrheit' 1990.

177 Poliwoda, Versorgung von Sein, 181f.

178 Alles: GA, 204f.

es sich begibt, in seiner Wahrheit also, erlebt und ihrem *wachsenden Gedächtnis einverleibt*, also ein in dieser Hinsicht werdender, wenngleich ewig existierender Geist. Der Gott des Mythos ist ein werdender Gott, der die Geschehnisse des Weltenlaufs und die Taten der Menschen *sich einverleibt* und sich darin in Erfahrung all seiner Möglichkeiten selbst erfährt – als Gott. Freilich kann er aufgrund seiner Selbstentäußerung das Geschehen nur passiv aufnehmen. Doch auch für den Gott in Vergangenheit und Wahrheit stellt Jonas klar, dass sein ‚erdachtes göttliches Subjekt *wissend* und kontemplativ, aber *nicht weiter am Gewussten beteiligt oder darauf wirkend sei*'. Es gewährleiste eine objektive Präsenz der Vergangenheit, die geistig in ihm als dem Subjekt des Wissens fortbestehe. *Wissen* indes eignet auch dem Gott des Mythos: Er weiß um die Möglichkeiten, die dem Kosmos inhärent sind; er verfolgt den Prozess des Lebens mit wachsendem Interesse und das Aufkommen des Menschen mit dessen Wissen und Freiheit mit ‚angehaltenem Atem'; es ist ihm also bewusst, was das Aufkommen von Wissen und Freiheit für ihn bedeuten kann.

Die dem Gott in Vergangenheit und Wahrheit zuerkannte objektive Präsenz der Vergangenheit legitimiert die Anwendung des Wahrheitsbegriffs auf Vergangenes deswegen, weil dem wissenden göttlichen Subjekt ‚immerwährende Gegenwart' eignet, in die sich Vergangenes als Vergangenes fortwährend einschreibt – mental, nicht physisch-real. Doch auch der Gott des Mythos ist durch seinen Machtverzicht am Anfang der Welt (wie aufgezeigt) nicht genichtet; *er hört nicht auf, Gott zu sein*, sondern begleitet den Weltprozess als Prozess seines eigenen Werdens affiziert-wissend. Zugespitzt lässt sich sagen, dass Jonas das eine Bild Gottes – das des Mythos – aus *Geschehnissen und Tatsachen* erstehen lässt, das andere aus den *Wahrheiten* aller dieser Tatsachen und Geschehnisse. Beide Aspekte lassen sich unschwer aufeinander beziehen. Sie zeigen den einen ewigen Gott im Werden, der zugleich mit jeder Tatsache, die er erfährt, und mit jeder Wahrheit, die sich ihm einschreibt, stets ein anderer wird, als er vor dem jeweiligen Ereignis war – als Gott.

Widersprüchlich sind also nicht die von Jonas entworfenen Gottesbilder. Widersprüchlich bleibt vielmehr gewissermaßen die Substanz, aus der Jonas seine Gottesbilder aufbaut: die Taten, die sich unabhängig von ihren jeweiligen Tätern der Gottheit einverleiben, und die Wahrheiten, die sich unabhängig von ihren Verursachern ihm einschreiben. Taten und Wahrheiten werden damit im Sinne

Jonas' unsterblich, während er den Menschen, welche die Taten verursachen und die Wahrheiten ins Leben rufen, Unsterblichkeit versagt. Doch ist eine Unsterblichkeit der Taten und Wahrheiten glaubwürdiger als eine Unsterblichkeit ihrer Urheber? Und glaubwürdig *ohne* ihre Urheber?

Denn die Taten sind in der Regel nicht von den agierenden oder bedrängten Menschen zu trennen. Die römischen Soldaten, die Caesar in Jonas' Beispiel über den Rubikon führte und die ihm in den nachfolgenden Kämpfen mit Pompejus unter Einsatz und auch Verlust ihres Lebens seine Siege ermöglichten, sind als *Menschen* Teil dieser Geschichte und nicht nur mit ihrem jeweiligen kämpferischen Einsatz bis zum Augenblick ihres möglichen Todes. Und der dann, da er keine ‚Tat' mehr war und mithin im Sinne Heideggers auch nicht mehr zu ihrem Dasein gehörte, auch nicht mehr der Gottheit zu deren Selbsterfahrung gutgeschrieben werden könnte. Aber die *Wahrheit* ihres Lebens ist (von allen anderen Gegebenheiten ihres Lebens abgesehen) ihr *Leben und ihr möglicher Tod* für Caesars Sieg. Da des weiteren gemäß Jonas' Maxime die Wahrheit, die in der Gottheit aufbewahrt wird für immer, nicht abhängig sein darf von der Möglichkeit ihrer Befragbarkeit, muss auch die ganze Wahrheit dieser Soldaten, zu denen keine Spur einer Befragbarkeit mehr führen kann, da sie in keiner historischen Quelle als Individuen aufgehoben sind, zur Wahrheit der Gottheit gehören. Verallgemeinert heißt das: Die tiefste, eigentliche Wahrheit eines jeden einzelnen Lebens, der letzte, eigentliche Sinn eines Menschenlebens, der in der Regel auch seinem jeweiligen Träger für alle Zeit verborgen bleibt, muss zu der Wahrheit gehören, welche die ewig gegenwärtige Gottheit im Prozess ihrer nimmer abgeschlossenen Selbstwerdung in sich verwahrt. Ohne die ganze Wahrheit einer jeden einzelnen Biografie eines jeden Menschen wäre die ganze Vergangenheit, dem sie zugehört, nicht in die ewige göttliche Wahrheit aufgehoben. Auch für das Auschwitz-Geschehen muss das heißen, dass die Wahrheit nur unvollkommen benannt wäre, wenn sie auf die Gräuel der Täter begrenzt bliebe, ohne die Entmenschlichung und Entwürdigung der *Opfer* selbst in die Rechnung der Auferbauung Gottes einzubeziehen. Tat, Sieg und Entmenschlichung sind – auch logisch-begrifflich nicht – von den betroffenen Menschen sozusagen abzuschneiden. Die Tat ist immer Äußerung eines Menschen, sein Sieg untrennbar verwoben mit seiner vita, und zugefügtes Leid ist ohne den betroffenen Menschen nicht aussagbar. Demzufolge sollte eigentlich auch Gott nicht aussagbar sein, ohne dass die menschlichen Existenzen seiner Selbst-Werdung gutgeschrieben werden.

Um aber Jonas gerecht zu werden, und das Ganze seines Entwurfs im rechten Licht zu würdigen, soll seine eigene Wertung am Schluss dieses Kapitels nicht verschwiegen werden:

> „Ich will niemanden überzeugen und keine theologische Theorie vertreten, die ich nun weiter durchfechten muß. Ich bin nicht einmal sicher, ob ich mich selbst überzeugt habe. Aber das ist das bescheidene Maximum, was ich an Göttlichem – das früher einmal alles überstrahlt hat und an das jetzt zu glauben immer schwerer möglich ist – in Verbindung mit dem Gesamtbefund der Dinge, einschließlich meines wissenschaftlichen Wissens von der Welt, dem Universum und dem Leben auf Erden für mich noch akzeptieren kann. Ich bin jedoch zutiefst davon überzeugt, daß der reine Atheismus falsch ist, daß es darüber hinaus etwas gibt, was wir nun vielleicht nur noch mithilfe von Metaphern zur Sprache bringen können, ohne das jedoch die Gesamtsicht des Seins unverständlich wäre. Obwohl mir scheint, daß eine philosophische Metaphysik keinen Gottesbegriff entwickeln kann, sondern daß dieser Weg seit der kantischen Vernunftkritik verschlossen ist – deshalb mein Rückgriff auf den Mythos –, glaube ich, daß es einer rationalen oder philosphischen Metaphysik nicht verboten ist, ‚Vermutungen' über das Göttliche in der Welt anzustellen. Vielmehr scheint mir, daß die philosophische Seinslehre zumindest einen Raum für das Göttliche offenlassen darf. Es ist ein fragwürdig tastender Versuch, für den ich nie einen Wahrheitsanspruch gestellt habe [...]. Das [die mythologische Redeweise, derer sich Jonas bedient; C. Wiese] ist vielleicht der einzige Weg, der uns noch offensteht, uns über diese Dinge zu äußern – andeutend, ohne Wahrheitsanspruch, und doch dem Überweltlichen in der Welt Raum lassend. Denn daß es ein Überweltliches im Weltgetriebe gibt, dafür scheint mir der Menschengeist ein Zeugnis zu sein."[179]

[179] E, 344f. und 347; zitiert nach Wiese, Weltabenteuer Gottes, 211.

IV Hans Jonas und die American Philosophy

Die Frage stellt sich rückblickend, welchem wissenschaftlichen Umfeld Jonas' Positionierung mit seinem Verständnis von Zieldisposition – Teleologie – zuzuordnen ist, nachdem er den Dualismus Descartes', die transzendentale Bewusstseinsphilosophie Kants und Teleonomie als universales Verstehensmuster, das dem Leben jegliche Sonderstellung gegenüber unbelebter Natur abspricht, als untauglich für eine Philosophie des Lebens verworfen hat. Weil Jonas nach seiner Emigration aus Deutschland 1933 seinen endgültigen Wohnsitz und sein Arbeitsfeld bis zu seinem Tod in den USA gefunden hat, liegt es nahe, im Umfeld der transatlantischen Wissenschaft nach Spuren zu suchen, die ihm ja auch, wie erinnerlich, gegenüber seiner mitteleuropäischen philosophischen Ausbildung ganz neue Horizonte erschlossen hat. Da er indes fast niemals seine Gewährsleute nennt, bleibt man dafür freilich allein auf Vermutungen verwiesen. Das Folgende kann daher nicht mehr als ein Versuch sein.

Wie mehrfach dargelegt, erweist sich für Jonas Subjektivität als Oberflächenerscheinung der Materie, die im menschlichen Erkennen dieser Zusammenhänge nach Jahrmillionen Sprache gewinnt. Anders gewendet, drückt sich in wissenschaftlichem Erkennen sprachlich eine Erscheinung aus, die diesem Erkennen zeitlich weit vorausliegt, in allem vorausliegenden Leben bereits Gestalt angenommen hatte und Jonas' Denkmodell zufolge bis zur Gründung des Kosmos zurückreicht. Sprach-philosophisch – semiotisch – ausgedrückt ist menschliches begriffliches Erkennen damit als Bezeichnen von Phänomenen des ihr zugrunde liegenden kosmischen Materieprozesses zu verstehen. Im wissenschaftlich Bezeichneten gibt die kosmische Materie in ihrer ganzen Breite Kunde von sich; das Bezeichnen gibt der Materie Sprache.

In dieser Argumentation durch Jonas lässt sich zwar nicht die Begrifflichkeit, wohl aber die Struktur des Pragmatismus als einer Richtung der American Philosophy wiedererkennen. Als einer ihrer Hauptvertreter gilt Charles Sanders Peirce (1839–1914), dessen System des ‚Pragmatismus' hier beispielhaft zur Verdeutlichung des Gemeinten dienen soll.[180] Gemäß der von ihm entwickelten Semiotik äußert sich in aller andringenden Erfahrung eine *vorausliegende Wirklichkeit* als Zeichen für eine wahrnehmende Instanz (beispielsweise einen Forscher oder ein Forscherteam), für die sich im Verstehen des Wahrgenommenen der aufgenommene Impuls als ein Bezeichnetes jener prozesshaften Wirklichkeit entschlüsselt. In der Erfahrung tut sich jene vorausliegende Wirklichkeit kund. Charakteristisch für Peirce' Position ist, so Hermann Deuser[181], dass das erste Erfahren eines Ereignisses mit seiner unwiderstehlichen Überzeugungskraft bereits die Wirklichkeit *ist*, sodass diese nicht erst transzendental erschlossen werden muss. An zweiter Stelle stehe „die Reaktion auf das erste Auftreten, der Versuch, den Eindruck zum Ausdruck zu bringen; ihn darzustellen, wie er sich dargestellt hat".[182] Bilden sich aus solchen realitätsbezogenen Darstellungen schließlich regelhafte Zusammenhänge, so kommt es drittens zu regelhaft gültigen Handlungsanweisungen – vorläufigen Denk- und Handlungsgesetzen. Peirce nennt sie ‚Symbole'. Dieser Dreischritt insgesamt stellt sich in Pierce' System als ‚Semiose' dar, insofern sich in ihm die gegenwärtig wahrgenommene Wirklichkeit als Teil eines Prozessgeschehens ausspricht. Peirce erschließt also aus *Erfahrung* regelgeleitete *Realität*. Und da der (Welt)Prozess sich fortsetzt und stets über sich hinausweist, zeigt er durch die andringende Erfahrung teleologische Strukturen. Insofern er aber über sich hinausweist, sind auch gewonnene Symbole stets nur Handlungsanweisungen auf Zeit und werden durch das Auftreten neuer Ereignisse durch neue Symbole abgelöst – quasi ad infinitum.

Das als bezeichnete Wirklichkeit Verstandene dient fortan als wissenschaftliche Grundlage für weitere Erkundungen. Dabei wird also nicht transzendental ein Verstehensmuster der Vernunft über eine Wirklichkeit gelegt, die sich nicht von sich aus verstehbar zu machen vermag. Vielmehr gibt sich die einwirkende Realität selbst als Zeichen einer prozesshaften Wirklichkeit so weit zu erkennen, als ihr mitgeteiltes Potential wirklicher Inhalt des übergreifenden Prozessgeschehens ist – im weitesten Sinne als Inhalt des Weltgeschehens. Der wahrnehmenden

[180] Charles Sanders Peirce, Was heißt Pragmatismus?, Stuttgart 2002.

[181] Hermann Deuser, Gottesinstinkt, Tübingen 2004, 73. Deuser hat Peirce' Werk umfassend bearbeitet. Das Folgende verdankt sich, soweit es Peirce betrifft, im Prinzip Deusers Interpretationen.

[182] Deuser, Gottesinstinkt, 73.

Instanz kommt in diesem Prozess eine Brückenfunktion zwischen der vorausliegenden (und jetzt vorläufig erkannten) Wirklichkeit und dem nunmehr strukturierten neuen Handlungsgeschehen zu. Die erkennende und Handlungsregeln schaffende Vernunft partizipiert damit am ‚Wachstum der *Erfahrungs*universen'.

Auch Peirce, so Deuser, entwickele diesen Realitätsbegriff als Gegenposition zu Kant. Für Kant erscheine die Dingwelt an sich als „eine unendliche Fülle von vielerlei ungeordneten Zusammenpassungsmöglichkeiten", sodass die Einheit der Erkenntnis über die Natur – wie oben bereits aufgezeigt – nicht aus der Natur selbst erhoben werden könne. Begriffe zu bilden sei folglich die Leistung des Verstandes bzw. der Kategorien und seiner synthetischen Urteile.[183] Doch wie sei dann zu erklären, so Peirce' Gegenfrage, dass synthetische Urteile überhaupt mit der Wirklichkeit zusammenpassen? Seine Antwort lautet, dass zwischen Denkwelt und Sinnenwelt ein korrelierender Zusammenhang bestehen müsse, der niemals zerrissen werden könne. Sinnenwelt und Denkwelt sind vielmehr Momente derselben Welt. Peirce, so Deuser, ersetze das transzendentale Kantische ‚Ich denke' durch ein phänomenologisches ‚Wir erfahren' mit der Begründung „we have *direct experience of things in themselves*".[184] Damit bestehe eine direkte Affinität menschlichen Denkens zu Naturprozessen, sodass schlussfolgerndes Denken ein korrelierender Vorgang ist, der auf der Verwandtschaft der menschlichen Seele mit der des Universums beruhe.[185] Und mit der Affinität des menschlichen Denkens zu Naturprozessen erfährt schließlich auch das ‚Ich' eine gegenüber der Bewusstseinsphilosophie grundlegend andere Funktionsbestimmung. Es konstituiert nicht mehr kraft seiner Kategorien eine ansonsten unverstandene Welt. Vielmehr steht, wenn es „die beobachteten Fakten erfordern, Entwicklungsübergänge zu denken, […] die sinnenhafte Natur der denkenden Ich-Spontaneität nicht mehr fremd gegenüber, sondern diese muss sich mit jener in einem kontinuierlichen Zusammenhang schon befinden."[186] Das Ich wird damit zum erkenntnisbegabten Sonderfall der einen Welt, die im Ich zur Sprache findet. Durch ihr inneres Bezogensein auf die Realität des Ganzen erschließt sich der Vernunft der Zusammenhang aller *erfahrenen* Realität mit deren prinzipieller Ermöglichung durch die Kreativität

---

183 Deuser, Gottesinstinkt, 12.

184 Peirce, Pragmatismus; zitiert nach Deuser, Gottesinstinkt, 13.

185 Deuser, Gottesinstinkt, 15.

186 Deuser, Gottesinstinkt, 15.

des Universums. Aufgrund der Zeichenfunktion der Dinge aber nimmt Peirce schließlich deren logischen Ursprung in den Blick, wie die Vernunft ihn denken müsse – mit dem Argument, wenn diese Dinge als Symbole existieren, muss ihr Ursprung notwendig in einem ihnen vorausliegenden Zustand angenommen werden. Peirce nennt ihn Ens necessarium.

An diese Argumentation könnte Jonas angeknüpft haben, wenn er die ‚Weltmaterie innerlich werdend im Menschen lediglich Sprache finden' lässt dafür, dass ‚Mensch und Tier aus den stummen Wirbeln des kosmischen Stoffes emporgetaucht' seien.[187] Lassen sich ‚Mensch und Tier' als Bezeichnung für alles Lebendige verstehen und ‚Freiheit' als deren markantes Kennzeichen, stößt man auf das Charakteristikum, das Jonas ihnen zuteilt. Freiheit sei ein Prinzip, das aufgrund des Stoffwechsels von Natur aus also allen organischen Wesen zukomme, hingegen „innerhalb der endlos ausgedehnten Zwangsläufigkeit des physischen Universums [...] Sonnen, Planeten und Atomen fremd" sei. Zugleich sei Freiheit die *„ontologische Basis* [...] jener höheren Phänomene, die den Namen der ‚Freiheit' unmittelbarer verdienen und ihn offenkundiger exemplifizieren: und auch die höchsten von ihnen bleiben an die unscheinbaren Anfänge in der organischen Grundschicht gebunden, als an die Bedingung ihrer Möglichkeit".[188] Als ontologische Grundschicht der organischen Basis weist Jonas der Freiheit eine Realität zu, die allem menschlichen Bewusstsein vorausliegt. Entsprechend zählt er auch die Subjektivität mit allen ihren Momenten zu den objektiven Gegebenheiten seitens der Natur des Ganzen. Er weist ihr eine „unleugbare Mitsprache beim äußeren Geschehen" zu. Um solches Mitwirken wissen wir, so Jonas, durch die eigene innere Erfahrung, „eben durch das Bewußtsein selbst". Die Erfahrung dieser Innendimension indes bedeutet für ihn deren Realität als einer kausalen Größe, insofern sie „*im* Naturgeschehen hervorgetreten ist und *an* Naturformen erscheint".[189] Alles Leben gibt es nicht anders als teleologisch ausgerichtet: Es will sich erhalten. Wie Peirce positioniert er sich daher kritisch gegenüber Kants transzendentaler Erkenntnisstruktur. Aufgrund des anthropischen Befunds ist Subjektivität vielmehr für Jonas generell ein kosmisches Datum, weil ohne die Einbeziehung der Subjektivität in das Ganze der Natur der Kosmos nicht voll-

187 MGS, 20.

188 PL, 17f. (Hervorhebung: KGA).

189 Alles: MGS, 15f.

ständig wäre.[190] Für Jonas ist dies so essentiell, dass er vor dem Hintergrund dieser Erkenntnisse die kosmogonische Frage in ihrem ganzen Umfang neu aufgerollt sehen möchte.

Zu vergleichbaren Schlussfolgerungen gelangt man, wenn Jonas gegen die jahrhundertelang für die Ethik vertretene „Behauptung, [...] daß so etwas wie ein Sollen nur vom menschlichen Ich ausgehen kann“, sein Prinzip einer Ethik stellt, „das letztlich weder in der Autonomie des Selbst noch in den Bedürfnissen der Gesellschaft begründet wäre, sondern *in einer objektiven Zuteilung seitens der Natur des Ganzen*“. Ethik müsse „Bedeutung [haben] im All der Dinge“ und dürfe nicht begründet sein „lediglich in der Einzigartigkeit [...] des Menschen“.[191] In Wahrheit erhebe sich Ethik aus dem Sein-Wollen alles Lebens. Erinnert sei in diesem Zusammenhang auch noch einmal an seine Entgegnung auf die Lehre aller modernen Logik und Philosophie, aus einem Ist folge kein Sollen: Es komme auf das ‚Ist‘ an. Man müsse es sehen und hören. Was wir sehen, umschließe bereits das Zeugnis des Lebens und des Geistes und sei damit Zeuge „wider die Lehre von einer wert- und zielfremden Natur,“[192] die folglich ‚Wert‘ bekäme allein durch eine entsprechende menschliche Zuweisung.

Ähnlich Peirce, gründet auch Jonas’ Paradigma von Subjektivität letztlich latent im kosmischen Urgrund der Materie, *vergleichbar* jenem Ens necessarium. Dass Jonas auf eine wirkliche Seins-begründende (göttliche) Instanz verzichtet, hat seinen Grund, wie erinnerlich, im Paradigma seines Mythos von der Selbstentäußerung der Gottheit im Urgrund der Schöpfung: Die Gottheit habe sich im Akt der Weltschöpfung aller ihrer physischen Macht entäußert und diese auf die reale Welt übertragen, sodass fortan alle Potenzen des Seins nunmehr *dem Kosmos inhärent* seien und durch ihn wirksam werden. Mit dem Aufkommen potenter Möglichkeiten im kosmischen Werdeprozess ergreife dann entsprechend der Peirce’schen Semiotik die Kausalität als Moment der Subjektivität zieldisponiert die sich bietende Gelegenheit und realisiere die ihr zugehörigen Möglichkeiten als Leben. Das aber heißt nichts anderes als dass Teleologie wirksam werden kann aufgrund des prozesshaften Weltzusammenhanges, aus dem die Subjektivität her-

190 MGS, 31.

191 PL, 402f. (Hervorhebung: KGA).

192 MGS, 58.

vorgegangen ist und in den sie mit ihren Momenten einschließlich der Teleologie verwoben ist.

Sollte die Vermutung zutreffen, dass Jonas sein Verständnis von Subjektivität mit allen ihren Momenten einschließlich der Teleologie im Klima der American Philosophy gewonnen und entfaltet hat, gäbe er ein beeindruckendes Beispiel einer Philosophie in einem Kulturkreis ab, in den er nach seiner Emigration eingetaucht ist und der auf noch anderen Fundamenten aufruht als dem europäischen.[193]

---

[193] Näheres in: Arnold, Das kosmische Datum, 71–78 und passim. Die hier vorgetragene Vermutung könnte an Gewicht gewinnen angesichts der Tatsache, dass die bei Peirce und Jonas aufzeigbare Denk*struktur* des Pragmatismus sich auch bei anderen Vertretern der American Philosophy nachweisen lässt. Genannt sei in diesem Zusammenhang Alfred North Whitehead. Ihm gemäß fließen alle Dinge und Einzelwesen aus Gottes virtueller Kreativität und seinem unergründlichen begrifflichen Formenreichtum und erfahren in ihrem Wirklich-Werden durch das Spiel kosmischer Kräfte oder menschlichen Entscheidens und Handelns ihre reale, physische Identität. (Näheres dazu bei Regina Uhtes, Metaphysik des Organischen). Erinnert sei in diesem Zusammenhang auch an den evangelischen Theologen Paul Tillich, dessen entscheidende wissenschaftliche Werke gleichfalls nach seiner Emigration 1933 in den USA entstanden – und sicherlich auch nicht ohne Auseinandersetzung mit der ihn umgebenden American Philosophy. Mit Tillich war Jonas persönlich befreundet (E, 281f.), so dass man einen intensiven Austausch zwischen beiden vermuten darf. Tillich sieht als Grund alles Seienden das Sein-Selbst, das er mit Gott identifiziert. Alles Seiende, das sich dem Sein-Selbst verdankt und aus ihm hervorgeht, spiegele in seiner Struktur die Macht des Seins wider. Jonas und Tillich vertreten somit beide wie auch Peirce die Einheit der *einen* Wirklichkeit gegen jeglichen Dualismus: Jonas mit seiner Forderung eines erweiterten Materie-Begriffs innerhalb eines integralen Monismus, Tillich mit seiner Position der einen und ganzen Wirklichkeit mit ihrem göttlichen Grund als Macht des Seins und als Sein-Selbst, Peirce schließlich mit seiner Semiotik einschließlich eines allem zugrunde liegenden ens necessarium.
Mit Whitehead hat Jonas sich in mehreren Vorlesungen intensiv auseinandergesetzt, sich aber schließlich von ihm abgegrenzt. Denn während Whitehead die Welt und jedes ihrer Elemente als ‚Organismus' versteht, weil jedem Existierenden eine eigene Bedeutung für das Ganze zukomme, trat für Jonas mit seiner eigenen philosophischen Biologie das Problem eines Lebens, das auch scheitern kann, und damit die Sterblichkeit alles Lebens in den Fokus, die in Whiteheads System kein prominenter Faktor ist, für Jonas jedoch zu einem wesensbestimmenden Merkmal des Lebens wurde (PL, 10).

V Ein kurzer Epilog

In seinem Lehrbrief IV vom 30. Dezember 1944 schreibt Jonas:

> „Was also kann ‚das Geistige lieben' […] anderes bedeuten als: das Sein lieben? Und was bedeutet dies anderes als: die Tatsachen interessant, d. h. der Beachtung wert finden? Was dies anderes als: die Details wichtig nehmen, Ehrfurcht vor ihnen haben, sich in sie versenken? All dies faßt sich zusammen in dem Gebot, die Wirklichkeit zu ihrem Recht kommen zu lassen. […] Der Kurzschluß aber, der nur das Geistige liebt und sich an seinen Schöpfungen erbaut, zu stolz für den langweiligen Umweg der Wirklichkeit, ist eine Leckerei, edler zwar als die umgekehrte Befangenheit im Stofflichen (oder Animalischen), aber irgendwie auch unmoralisch …"[194]

Jonas' Beharren auf einer Teleologie im Prozess von Kosmos, Leben und Mensch ist für ihn demnach keine ‚Leckerei', sondern als Wirklichkeit elementar für sein Verständnis des Lebens. Teleologie macht das Leben zieldisponiert und sichert es gegen seine Entwertung durch jegliche Form eines Nihilismus. In des Lebens Zieldisposition zeigt sich sein Wert – dass die Welt es wert ist zu sein. Dies gewahrt zu sehen, war durchgängiges Anliegen der theoretischen und praktischen Arbeit von Hans Jonas, seitdem er Deutschland verlassen hatte. Dass es auf der Erde Leben in seiner ganzen evolutiven Fülle gibt, und dass zu dieser Fülle wir Menschen gehören in all unserer Bedürftigkeit und Kreativität, in unserer Freiheit und deren Versagen, als zur Verantwortung Gerufene und sich ihr Verweigernde, als Täter von Gut und Böse und als Ebenbild geschaffen für das Werden des nimmer entschiedenen Bildes Gottes, berufen schließlich, die Weiterwohnlichkeit der Erde zu bewahren und die Menschheit nicht ihrem Untergang auszuliefern – und dies alles nicht in Vergessenheit geraten zu lassen: das umschreibt Jonas' Anliegen seit seiner Abkehr von der wissenschaftlichen Bearbeitung der Gnosis. Man darf vielleicht von Teleologie auch in seiner eigenen Biografie sprechen, wenn es einer Rei-

[194] E, 368f.

he tragischer Lebensumstände, des mehrfach bewiesenen Mutes zum Aufbruch und schließlich seiner Begegnung mit der Lebens- und Geisteswelt auf dem anderen Kontinent bedurfte, um ihn auf seinen besonderen und einmalig bedeutsamen Weg zu bringen.

Mit seiner Betonung der Teleologie im Lebensprozess ist Jonas freilich kein Außenseiter mehr. Auch der Physiker und Heisenberg-Schüler Hans-Peter Dürr tendiert dahin, teleologische Strukturen in der Evolution anzunehmen, weil für „die Entwicklung selbst primitivster Lebensformen aus dem Zusammenspiel rein zufälliger Mutationen und nachfolgender Auslese der lebenstüchtigen Variante das aus kosmologischen und geologischen Überlegungen abgeleitete Alter unserer Erde (von viereinhalb Milliarden Jahren) um viele Größenordnungen zu kurz wäre".[195] Und der britische Paläobiologe Simon Conway Morris zeigt an einer erdrückenden Fülle von Beispielen auf, dass aus Sicht des Biologen die Evolution an Knotenpunkten ihres Prozesses (an Konvergenzen, wie er sie nennt) für bestimmte anstehende Notwendigkeiten der Weiterentwicklung bestimmter Tiere (etwa für das Sehen, das Gleichgewicht, die Orientierung allgemein, die Fortbewegung) vorab funktional gleiche Lösungen bereit hält, ohne dass die betreffenden Tiere evolutiv miteinander verwandt sein müssen und ohne dass stets der Prozess von trial and error neu durchlaufen werden müsste.[196] Eine einmal gefundene Lösung für ein anstehendes Problem organischer Weiterentwicklung wird von der Evolution nicht vergessen. Eine Erklärung für derartige Voraus-Sichten der Evolution gibt es bislang nicht. Ihre Gegebenheit lässt sich aber kaum leugnen. Insofern befindet sich Jonas mit seinem Beharren auf Teleologie im Lebensprozess in prominenter Gesellschaft und bedarf dafür keiner weiteren Rechtfertigung.

Besorgnis sollte vielmehr die konfliktbeladene Begegnung von Evolution und Lebensprozess einerseits und möglicher exzessiv verstandener, den Lebensprozess bedrohender menschlicher Freiheit in der Gegenwart bereiten. Dass die Tragfähigkeit unserer Erde für unsere Ansprüche überdehnt werden könnte; dass wir Menschen im einseitigen Missverständnis unserer freiheitlichen Möglichkeiten die Verantwortlichkeit für die Zukunft von Leben und speziell von Menschen auf der Erde nicht wahrnehmen oder sie gar bestreiten könnten; dass unseren nach-

[195] Dürr, Das Netz des Physikers, 98.

[196] Ausführlich: Arnold, Das kosmische Datum, 56–59. Dort auch weitere prominente Vertreter zur Sache.

folgenden Generationen keine Weiterwohnlichkeit der Erde mehr beschieden sein könnte: Dies ist Grund zu weiterem sorgenden Nachdenken.

Doch Jonas warnt schließlich vor jeglicher Form von Resignation. Bis ins hohe Alter ist er gerade in Europa mit dieser Botschaft auf Reisen gegangen, ein letztes Mal im Januar 1993, kurz vor seinem Tod, in Udine, dem italienischen Ort, an dem er 1945 vom Ende des Zweiten Weltkriegs erfuhr. Mit seiner damaligen Botschaft sei ihm daher das Schlusswort auch dieser Ausführungen gegeben:

> „Ich möchte Ihnen daher als alter Mann, der oft erfahren hat, daß das Wort ohnmächtig ist, zurufen: Oh, glauben Sie nicht, glaubt nicht daran, daß Dinge unausweichlich sind, und laßt Euch nicht verführen vom Rate angeblich objektiver Notwendigkeit, der wir hilflos gegenüberstünden. Haltet daran fest, daß *wie* man denkt, *was* man denkt, *was* man sagt und *wie* man in der wechselseitigen Kommunikation Ideen verbreitet, einen Unterschied ausmacht im Gang der Dinge. Erfolg ist nicht garantiert; aber sicher ist, daß die Anstrengung unterlassen, die Bemühung aufgeben, ganz bestimmt das Unheil werden läßt, das wir voraussehen können und dessen Voraussehen es ja doch verhindern soll.

Fatalismus wäre die Todsünde.“[197]

[197] Hans Jonas, Fatalismus wäre Todsünde, hrsg. Von Dietrich Böhler, Münster 2005, 54f.; hier als Auszug aus Jonas' Rede zur Verleihung der Ehrendoktorwürde der Freien Universität Berlin am 11. Juni 1992.

Literaturverzeichnis

Arnold, Karl Günter: Das kosmische Datum. Untersuchungen zum Subjektivitätsbegriff bei Hans Jonas, Leipzig 2017.

Böhler, Dietrich: Verbindlichkeit aus dem Diskurs. Denken und Handeln nach der sprachpragmatischen Wende, Freiburg/München 2013.

Bongardt, Michael; Nielsen-Sikora, Jürgen; Robinson dos Santos: Artikel ‚Kant/Neukantianismus'. In: Michael Bongardt et al., Hans Jonas-Handbuch, J. B. Metzler im Springer Verlag, Berlin 2021.

Deuser, Hermann: Gottesinstinkt. Religion in Philosophy and Theology, Tübingen 2004.

Dürr, Hans-Peter: Das Netz des Physikers. Naturwissenschaftliche Erkenntnisse in der Verantwortung, München 2000.

Dürr, Hans-Peter (Hrsg.): Physik und Transzendenz, Bern/München/Wien ^{8}1995.

Huber, Wolfgang: Ehrfurcht vor dem Heiligen. Zur Aktualität des *Prinzips Verantwortung*. In: Dietrich Böhler (Hrsg.), Was gilt? Diskurs und Zukunftsverantwortung, Karl Alber Verlag Freiburg/München 2019, 269–286.

Jonas, Hans:[198]

E Erinnerungen, Frankfurt a. M./Leipzig, 2003.

EF Evolution und Freiheit, in: PU, 11–33.

Fatalismus wäre Todsünde. Gespräche über Ethik und Mitverantwortung im dritten Jahrtausend, Münster 2005.

GEN Gnosis, Existentialismus und Nihilismus, in: PL, 343–372.

Gnosis und spätantiker Geist. Erster Teil. Die mythologische Gnosis, Göttingen 1934.

Gnosis und spätantiker Geist, Teil II,1. Von der Mythologie zur mystischen Philosophie, Göttingen 1954.

Heidegger und die Theologie. In: Evangelische Theologie 12/1964, 621–642.

MGS Materie, Geist und Schöpfung, suhrkamp taschenbuch 1580, Frankfurt a. M. 1988.

MOS Macht oder Ohnmacht der Subjektivität?, suhrkamp taschenbuch 1513, Frankfurt a. M. 1987.

[198] Hinsichtlich der verwendeten Sigla folge ich, soweit möglich, dem Abkürzungsverzeichnis von Wolfgang Erich Müller, Hans Jonas. Philosoph der Verantwortung, 235; darüber hinausgehende Abkürzungen stammen von mir.

ND Der ethischen Perspektive muß eine neue Dimension hinzugefügt werden. In: Dietrich Böhler (Hrsg.), Ethik für die Zukunft, München 1994, 34–44.

Philosophie. Rückschau und Vorschau am Ende des Jahrhunderts, Frankfurt a. M. [2]1993.

PL Das Prinzip Leben, Frankfurt a. M. 1994 – Erstveröffentlichung unter dem Titel Organismus und Freiheit, Göttingen 1973.

PU Philosophische Untersuchungen und metaphysische Vermutungen, Frankfurt a. M./Leipzig 1992.

PV Das Prinzip Verantwortung, Frankfurt a. M. (1979) 1984.

WPE Wissenschaft als persönliches Erlebnis, Göttingen 1987.

KdU *Kant*, Immanuel: Kritik der Urteilskraft, herausgegeben von Wilhelm Weischedel, Frankfurt a. M. [8]2014.

La Mettrie, Julien Offray de: Abhandlung über die Seele; in: Sigrid G. Köhler et al. (Hrsg.), Materie. Grundlagentexte zur Theoriegeschichte, Berlin 2013, 252–265.

Lenzig, Udo: Das Wagnis der Freiheit. Der Freiheitsbegriff im philosophischen Werk von Hans Jonas aus theologischer Perspektive; Forum Systematik Bd. 28, Stuttgart 2006.

Müller, Wolfgang Erich: Hans Jonas. Philosoph der Verantwortung, Darmstadt 2008.

Peirce, Charles Sanders: Was heißt Pragmatismus?, in: Ekkehard Martens (Hrsg.), Philosophie des Pragmatismus, RECLAMS UNIVERSAL-BIBLIOTHEK Nr. 9799, Stuttgart 2002, 61–98.

Poliwoda, Sebastian: Versorgung von Sein. Die philosophischen Grundlagen der Bioethik bei Hans Jonas; Philosophische Texte und Studien, Bd. 81, Hildesheim/Zürich/New York 2005 (Dissertation 1994 an der LMU München).

Safranski, Rüdiger: Nietzsche. Biographie seines Denkens, Frankfurt a. M. [6]2013.

Schieder, Thomas: Weltabenteuer Gottes: die Gottesfrage bei Hans Jonas, Paderborn u. a. [2]1998.

Song, Ahn-Jung: Organismustheorie im ethischen Diskurs. Eine Untersuchung zur Philosophie des Lebens bei Hans Jonas. Hochschulschrift Münster (Westf.); Univ.-Dissertation 2000.

Uhtes, Regina: Metaphysik des Organischen. Zum Verhältnis von Philosophie und Wissenschaft in Jonas' Philosophie des Lebens vor dem Hintergrund der organismischen Philosophie Whiteheads, Bochum/Freiburg 2006.

FSC
www.fsc.org
MIX
Papier | Fördert
gute Waldnutzung
FSC® C083411

Zeitfracht Medien GmbH
Ferdinand-Jühlke-Straße 7
99095 Erfurt, Deutschland
produktsicherheit@kolibri360.de